KB092800

원래 상태로 되돌아가지 않는 58가지 정리법

비우는연습

원래 상태로 되돌아가지 않는 58가지 정리법

비우는 연습

진짜 정리해야 할 건 물건이 아니라 마음이다!

마스노 슌묘 지음 · 김지연 옮김

담앤북스

'뺄셈'이 인생을
아름답게
만듭니다

여분의 것을 버리고 극도로 심플하게 만드는 것. 이것이 선禪의 미학입니다. 쓸데없는 것이나 여분의 물건을 버리는 일뿐만 아니라 분노나 불안 등 '마이너스 감정'을 버리는 일 그리고 무언가에 집착하는 마음을 버리는 일. 이와 같은 것들을 버리고 보다 심플하게 생활하면 우리 인생은 훨씬 편안해질 수 있습니다.

'그러고 보니 요즘 너무 바빠서 내가 정말로 하고 싶은 일은 손도 대지 못했어.'

'개인적인 시간이 너무 없는 것 같아.'

혹시 지금 이런 생각을 하지 않습니까? 회사 일, 가족, 애인, 장래 계획 등에 대한 생각으로 머릿속이 꽉 차 있으면 끊임없이 떠오르는 생각들에 쫓겨 에너지를 과도하게 소모하게 됩니다. 그런 나날을 보내다 보면 '본래 자신의 모습' '인생의 만족감과 행복'에서 점점 더 멀어져 갑니다.

저는 그런 고민을 하는 사람들에게 이렇게 묻곤 합니다. "당신의 방은 깨끗하게 정돈되어 있습니까?"라고요. 그러면 "방은 어지럽지만 혼자 살기 때문에 다른 사람에게 피해를 주는 건 아닙니다"라는 대답이 돌아오는 경우가 많습니다.

그러면 저는 "당신은 그렇게 생각하겠지만, 실은 어지러운 방은 다른 누구도 아닌 바로 당신 자신에게 피해를 줍니다"라고 말합니다. 그 말을 들으면 모두 깜짝 놀라지요. 이어서 "방은 그 사람의 마음 상태를 보여 줍니다. 깔끔하게 정돈된 방에 사는 사람은 마음 또한 잘 정돈돼 있어서 자신이 무엇을 하고 싶은지, 무엇을 해야 하는지 잘 압니다"라고 말하면 그제야 뭔가 깨달은 듯한 표정을 짓습니다.

옷이나 잡지, 잡다한 생활 용품 등으로 발 디딜 틈 없는 공간에서 지내다 보면 항상 뭔가에 쫓기듯 초조하고 짜증이 나서 집중을 할 수 없게 됩니다.

저는 기본적으로 인간은 게으름뱅이라고 생각합니다. 그렇기 때문에 조금이라도 방심하면 몸이 편한 쪽으로 생활하게 되고, 그렇게 되면 멈출 수가 없습니다. 따라서 먼저 자신의 주변을 잘 정돈하는 것 그리고 자신의 생활을 통제하는 것이 중요합니다.

그러기 위해서는 이번 책의 주제인 '줄이는' 삶의 태도를 익혀야 합니다. 이것은 단순히 정리 정돈에 대한 이야기가 아닙니다. 정보, 쇼핑, 인간관계, 이 모든 것이 과잉되기 쉬운 현대 사회에서 주위에 휩쓸리지 않고 '지금 나에게 가장 중요한 것은 무엇일까'를 확인하며 사는 것은 인생을 풍요롭게 만드는 첫걸음이 될 것입니다.

이러한 과제를 해결하기 위해서는 '좀 더, 좀 더'라는 '덧셈'을 그만둬야 합니다. '좀 더 인정받고 싶다'는 허영심과 자존심을 버리고, 있는 그대로의 모습으로 살아가야 합니다. 선에서는 '좀 더'라는 집착을 줄이라고 가르칩니다. '무엇을 하고, 무엇을 그만둘 것인가?' '무엇을 남기고, 무엇을 줄일 것인가?' 이러한 '뺄셈'의 사고가 중요합니다.

또 선에서 가장 중시하는 것은 '지금'이라는 시간입니다. 지금 이 순간을 있는 힘껏 살아가기 위해서는 '즉결·즉단'이 필요합니다. 무엇을 손에서 놓을지, 무엇을 버릴지, 무엇을 줄일지 지금 당장 결정하십시오.

예를 들어 지난 3년간 사용하지 않았던 물건이나 지난 3년간 입지 않았던 옷은 앞으로도 사용하지 않을 가능성이 높으니 버립시다. 친구에게 필요한지 묻거나 재활용품점에 보내는 것도 좋은 방법입니다. 추억이 깃들어 도저히 버릴 수 없는 물건이라면 남겨 둬도 좋습니다. 이렇게 정리 정돈을 하다 보면 마음이 편안해지고 자유로워질 것입니다.

회사 책상도 마찬가지입니다. 대개 책상 위가 잘 정돈된 사람은 마음도 정돈돼 있기 때문에 안정적이고 효율적으로 일을 처리할 수 있습니다. 나중에 자세히 소개하겠지만 청소를 단순히 '치우는 것'으로 생각하면 귀찮아지므로 '기분을 좋게 만들 준비'로 생각하십시오. 마음을 닦듯이 정성껏 청소하면 직장 생활을 보다 충실히 할 수 있으며, 개인 시간을 보낼 수도 있습니다. 전보다 스트레스도 덜할 것입니다.

자신의 기분을 언제나 좋게 만드는 비법은 '시간에 지배당하지 않는' 삶을 사는 것입니다. 당신의 인생을 보다 아름답게 만들어줄 비법이 여기에 있습니다.

중국 당나라 때 조주趙州 선사는 이런 말을 했습니다.

"너는 12시간 사용당하지만, 노승은 12시간을 사용한다."

여기서 말하는 12시간이란 지금의 24시간을 의미합니다. 쉽게 말해서 '너는 하루 종일 시간에 쫓기지만, 나는 하루를 온전히 사용한다'는 뜻이지요. 즉, 시간에 쫓기며 살아가지 말고 주체적으로 살아가라는 말입니다.

앞서 이야기한 것처럼 '다음에는 무엇 무엇을 해야 한다' '그 후에는 어디 어디에 가야 한다'며 쫓기듯 살다 보면, 어느 사이엔가 여유가 사라지고 분노와 불안이 마음속 깊숙이 파고듭니다. 반대로 마음에 여유가 있는 사람은 하루 동안 같은 스케줄대로 움직여도 '이것은 다했으니까 다음에는 저것을 해야지'라며 차근차근 일을 처리하기 때문에 시간에 쫓기지 않습니다.

또 쓸데없이 앞날을 걱정하지 않는 것이 좋습니다. 우선 '지금 해야 하는 일'에 집중하고, 그것을 완수하고 나면 더 이상 집착하지 말아야 합니다.

선은 그런 '줄이는' 삶의 방식을 가르쳐 줍니다. 물건이 넘쳐 나고, 정보가 범람하고, 가치관이 다양해지는 현대 사회에서 '줄이는' 삶의 방식을 통해 몸과 마음을 가볍게 하고 더욱 아름다워지는 것이 어떨까요. 분명 내일부터 상쾌하고 기분 좋은 하루하루를 보낼 수 있을 것입니다.

마스노 슌묘

CONTENTS

Chapter 1
원래 상태로 되돌아가지 않는 마음 정리 01

나만의 안목을 기른다

Chapter 2

원래 상태로 되돌아가지 않는 마음 정리 02

마음을 '지금 여기'로 돌려놓는다

늘 바른 자세로 느긋하게 행동한다

Chapter 4

원래 상태로 되돌아가지 않는 공간 정리

매일 청소하며 자기 자신을 닦는다

Chapter 5
원래 상태로 되돌아가지 않는 생활 정리

불필요한 것을 꾸준히 줄여 나간다

———

이 책의 주제인 '비우는 연습', 즉 줄이는 삶의 태도를 익혀야 합니다.

이것은 단순히 정리 정돈에 대한 이야기가 아닙니다.

정보, 쇼핑, 인간관계, 이 모든 것이 과잉되기 쉬운 현대 사회에서

주위에 휩쓸리지 않고 '지금 나에게 가장 중요한 것은 무엇일까'를 확인하며

사는 것은 인생을 풍요롭게 만드는 첫걸음이 될 것입니다.

나만의 안목을
기른다

좋은 행동이
좋은 결과를
낳는다

먼저 불교의 근본 원리라고 할 수 있는 '인연因緣'에 대해 이야기해 보겠습니다. 모든 일에는 원인과 결과가 있습니다. 원인이 되는 것이 '인因'이며, 그것에 외부의 간접적 '연緣'이 찾아와 맺어지면 '인연'이 됩니다. 그리고 나면 '결과'가 탄생하는 것이지요.

식물의 씨앗을 예로 들어 보겠습니다. 여기에 어떤 과일의 씨앗이 있다고 합시다. 이 씨앗이 '인因'입니다. 이 씨앗에는 열매를 맺게 하는 힘이 있지만 그러기 위해서는 씨앗만으로는 부족합니다. 그 외에 여러 간접적인 조건이 충족되어야 합니다. 이 씨앗으로 과일을 수확하려면 어떻게 해야 할까요? 먼저 밭을 갈고 밭에 비료도 주어야 합니다. 그 후 씨를 뿌리고 물을 줍니다. 싹이 나면 웃거름을 주고 풀을 뽑아 성장을 돕습니다. 이때의 땅과 물, 비료 등이 바로 '연緣'입니다.

인과 연이 맺어져서 인연이 탄생하고, 머지않아 식물이 자라서 과일을 수확하게 됩니다. 이 결과를 '인연과因緣果'라고 합니다. 이것이 바로 불교에서 말하는 '연기緣起', 즉 모든 현상은 인과 연이 상호 작용해서 성립한다는 원리입니다. 인과 연 중 어느 한 쪽이 결핍되면 과일을 수확할 수 없습니다.

모든 일에는 좋은 결과善果와 나쁜 결과惡果가 있습니다. 그것은 자신의 행동과 관련이 있습니다. 착한 행동은 좋은 결과를 낳고, 악한 행동은 나쁜 결과를 낳습니다. 이것을 각각 선인선과善因善果, 악인악과惡因惡果라고 합니다.

마찬가지로 '연'에도 좋은 연과 나쁜 연이 있습니다. 이 세상은 그렇게 녹록치 않습니다. 자신에게 오는 모든 연을 받아들였다가는 사기를 당하거나 자기도 모르는 사이에 범죄에 가담하게 될지 모릅니다. 평소 좋은 행동을 하고 이것이 좋은 연인지 잘 분간해서 인연을 맺으면 앞으로 행복한 인생이 펼쳐집니다. 반대로 나쁜 행동을 하고 나쁜 연을 맺으면 불행을 짊어지고 살아가게 됩니다.

'나에게는 좋은 연이 찾아오질 않아. 나는 불행해질 운명인가 봐'라며 무력감을 느끼는 사람도 있습니다. 하지만 이 같은 생각은 사실과 다릅니다. 연이라는 것은 봄바람처럼 누구에게나 똑같이 찾아옵니다. 당신이 그것을 눈치채는가, 그렇지 못하는가의 차이일 뿐입니다. 좋은 행동을 하고 좋은 연을 맺고자 노력한다면 우리는 언제든지 다시 시작할 수 있습니다. 좋은 연을 맺음으로써 행복한 인생을 선택할 수 있습니다.

만족을 모르는
'마음 대사증후군'에
주의한다

        불균형한 식생활과 운동 부족으로 대사증후군에 걸리는 사람이 늘고 있습니다. 배에 붙은 지방을 걱정하며 '대책을 세워야겠어. 이제부터 운동해야지'라고 결심하는 사람이 많습니다.

    많은 사람이 눈에 보이는 지방을 신경 쓰며 '매일 아침 조깅을 해야겠어' '기름진 음식은 피해야지'라는 대책을 세웁니다. 하지만 저는 또 다른 대사증후군인 '마음 대사증후군'도 주의했으면 합니다.

마음 대사증후군에 걸리면 어떤 증상이 나타날까요? 대표 증상은 이렇습니다. 이미 많은 것을 가졌는데도 그것에 만족하지 못하고 '좀 더 좋은 걸 갖고 싶어. 남들이 부러워할 만한 걸 갖고 싶어'라고 생각합니다. 집착에 빠져 '이것도 저것도 전부 갖고 싶어'라며 눈에 보이는 모든 것을 손에 넣으려 합니다. 남들과 자신을 비교하며 언제나 그들보다 우위에 서고 싶어 합니다.

한편 실제로 몸이 대사증후군에 걸리면 '벨트가 꼭 조인다' '체중이 늘었다' '계단을 오르기가 힘들다' 하는 증상이 나타납니다. 여태 입었던 옷이 작아지는 등 불편이 생기기 때문에 치료의 필요성도 강하게 느낍니다. 하지만 마음의 대사증후군은 좀처럼 겉으로 드러나지 않습니다. 그렇기 때문에 눈치챘을 때는 이미 상당히 진행된 경우가 많습니다.

아름다움과 추함, 부유함과 가난함, 착함과 악함 등 인간은 매사를 대립적으로 파악하려는 경향이 있습니다. 모든 것을 '좋은 것' 혹은 '나쁜 것'으로 나누어서 상대적으로 좋은 것만 골라 가지려 하지요. 바로 거기에서 집착이 생겨나는 것입니다. 이것을 선禪에서는 '망상'이라 부릅니다. 마음 대사증후군에 걸리면 이 망상에 빠져 '좀 더, 좀 더'가 머릿속을 맴돌게 됩니다. 그렇게 되면 아무리 많은 것을 손에 넣어도 그리고 아무리 풍족하게 생활해도 '좀 더, 좀 더'라는 욕망이 솟아나 현실에 만족할 수 없게 됩니다.

'막망상莫妄想'이라는 선어禪語가 있습니다. 이것은 집착에서 벗어나 자유로워지라는 말입니다. 몸의 대사증후군은 의사와 상담하거나 헬스 트레이너의 도움을 받으면 충분히 개선할 수 있습니다. 하지만 마음의 대사증후군은 의사도 고치지 못합니다. 본인 스스로 깨달아 주체적으로 고쳐 나가는 수밖에 없습니다.

마음 대사증후군을 고치려면 먼저 '지족知足', 즉 충분함을 알아야 합니다. 모든 것을 손에 넣으려 하지 말고 '나는 이것만 있으면 충분해. 감사한 일이야' 하는 마음을 가져야 합니다.

오늘 만족스럽게 먹을 수 있었던 것.

비바람을 피해 쉴 수 있는 곳이 있다는 것.

일을 할 수 있다는 것.

가족과 친구가 있다는 것.

지금 이 세상을 살아가고 있다는 것.

이 모든 것에 감사하는 마음에서부터 시작됩니다. 인간이기 때문에 욕망을 '0'으로 만들 수는 없습니다. 또 굳이 '0'으로 만들 필요도 없습니다. 충분함을 알게 되면 욕망은 지금보다 줄어들 것입니다. '좀 더, 좀 더'라는 집착에서 벗어나면 자신이 풍족한 삶을 산다는 것을 실감할 수 있습니다.

인간은 누구나
맑고
깨끗한 존재

인간은 누구나 맑고 깨끗한 존재로 이 세상에 태어납니다. 집착, 망상, 잡념 무엇 하나 없는 맑은 거울과 같은 마음으로 태어나지요. 이 마음을 계속 지니고 살아간다면 '도대체 나는 어떤 사람인가?'라는 고민은 생기지 않을 것입니다.

하지만 인간은 점차 성장해 가면서 많은 속박과 욕망, 번뇌에 사로잡히게 됩니다. 남을 욕하고 싶지 않지만 자신이 속한 그룹에서 따돌림을 당하지 않기 위해 마지못해 동조하거나, 하기 싫은 일도 자신이 처한 입장상 어쩔 수 없이 하기도 합니다. 이렇게 지내다 보면 서서히 자기 자신을 잃게 됩니다. 마치 거울을 닦지 않으면 어느 사이엔가 거울 표면이 뿌옇게 흐려져 잘 보이지 않는 것과 마찬가지입니다.

그러고는 고민을 합니다. '지금의 나는 진짜 내가 아닌 것 같아. 나란 사람은 도대체 어떤 사람일까?'라고 말입니다. 젊은 사람들이 그런 고민을 하는 것은 어른이 되어 가는 중에 본래 자신의 모습이 흐려졌기 때문입니다.

갓 태어난 순순한 자신, 그것을 선에서는 '불성佛性'이라 부릅니다. '본래의 자기'와 '불성'은 결국 같은 것이지요. 번뇌와 잡념이 많다고 해서 원래부터 자기 안에 존재하던 '불성'이 사라지는 것은 아닙니다. 부처님과 같은 존귀한 성질을 '불성'이라 하는데, 모든 인간 안에는 불성이 빛나고 있습니다. 우리는 누구나 부처님과 같은 아름다운 마음을 지니고 있습니다. 다만 가족으로서, 직원으로서 그리고 조직 안의 동료로서 많은 것을 요구받다 보니 불성에 욕망과 분노, 번뇌라는 군살이 붙게 된 것입니다. 인간이 불성을 잃어버리는 것이 아니라 마음의 군살이 불성을 보이지 않게 만들어 버리는 것이지요.

갓 태어났을 때의 '불성'과 만나기 위해서는 수행을 게을리해서는 안 됩니다. 수행이란 행실을 갈고닦는 것입니다. 그렇다고 해서 특별히 어떤 일을 해야 하는 것은 아닙니다. 진짜 자신을 찾겠다며 외국으로 떠난다거나 닥치는 대로 뭐든 배워서 자격증을 많이 딸 필요는 없습니다. 자기 안에 있는 불성을 믿고 매일매일 최선을 다해 살아가는 것, 그것이 바로 수행입니다. 그렇게 하다 보면 언젠가 맑은 거울과 같은 자기 자신과 만날 수 있습니다.

안목을 기르면
유행에
휩쓸리지 않는다

잡지에서 '지금 이것이 대유행입니다! 당장 사야 합니다!'라고 하면 너도나도 그것을 구입합니다. 또 텔레비전에서 '이 가게 정말 맛있어요! 꼭 한번 가 보세요!'라고 하면 다음 날 아침부터 많은 사람이 그 가게 앞에 장사진을 칩니다.

하지만 그들이 좋다고 말하는 것들이 과연 당신도 원하는 것, 당신도 좋아하는 것일까요? 모두 좋다고 하니까 당신도 거기에 가려는 것이 아닐까요? 모두 그 가게 앞에 줄을 서니까 당신도 줄을 서야 하는 것처럼 느끼는 것이 아닐까요? 당신이 진정으로 원하는 것이 무엇인지 알기 위해서는 먼저 안목을 길러야 합니다.

저는 다마多摩미술대학에서 환경디자인을 가르치는데 졸업생들에게 항상 하는 말이 있습니다. 그것은 "좋은 공간에서 좋은 것을 많이 보라"는 것입니다. 안목을 기르는 것은 매우 중요한 일입니다. 안목을 기르면 '이것은 대단히 훌륭한 것이다'라든지 '지금 나는 매우 좋은 시간을 보내고 있다' 하는 감각을 느낄 수 있습니다.

이런 감각은 좋은 공간에서 좋은 것을 많이 봄으로써 키울 수 있습니다. 직접 체험해 보지 않으면 '기분이 좋다'라든지 '화려하지만 왠지 마음이 불편하다'는 것을 알 수 없습니다.

학생들이 졸업 여행을 갈 때도 이런 이야기를 해 줍니다.

"예산을 따져 봤을 때 너희가 여행 내내 고급 호텔에 묵는 것은 무리일지 모른다. 하지만 5박 6일간 여행한다면 그중 4일은 저렴한 숙소에 머물며 돈을 절약하고, 마지막 하루는 가장 저렴한 방이어도 좋으니 최고급 호텔에 묵어라. 그렇게 하면 최고급으로 불리는 호텔 직원들은 손님을 어떻게 대하는지, 그곳에 묵는 사람들은 어떻게 행동하는지 몸소 체험할 수 있을 것이다."

가장 싼 방이어도 고급 호텔은 고급 호텔입니다. 엘리베이터 하나만 봐도 타는 사람이 기분 좋게끔 만들어져 있습니다. 그런 곳에 가서 사람들의 행동을 잘 살피다 보면 언젠가 자신도 그렇게 행동할 수 있게 됩니다. 그곳에는 어떤 시간이 흐르는지 직접 느끼고, 그곳에 있을 때 기분이 좋다면 어째서 기분이 좋은지를 곰곰이 생각해 보십시오. 벽 색깔 때문인지, 천장 높이 때문인지, 공간 형태 때문인지. 스스로 생각해서 꼭 답을 찾아내십시오. 그 답이 바로 '사물을 보는 안목'입니다.

사회인도 꼭 실천해 보기를 바랍니다. 고급 호텔에 묵지 않더라도 안목을 기를 수 있는 방법은 많습니다. 차를 한잔 마시고 싶다면 가끔은 평소에 가던 커피숍이나 프랜차이즈 커피 전문점이 아니라 일류 호텔 라운지에 가서 애프터눈 티를 주문해 봅시다. 그러한 경험도 자신의 양식이 될 것입니다.

누가 뭐래도
'나는 나'라고
생각한다

'수급불유월水急不流月'이라는 선어가 있습니다. 물이 아무리 빠르게 흘러가도 물에 비친 달은 흘러가지 않는다는 의미입니다. 이 세상은 급류로 표현할 수 있습니다. 특히 최근에는 물의 흐름이 더욱 거세져서 유행이 빠르게 변해 갑니다. 하지만 그런 급류 속에서도 수면 위에 비친 달은 결코 떠내려가지 않습니다. 여기서 말하는 달은 진리를 뜻합니다. 즉 진리는 변하지 않는 것이지요.

시대는 끊임없이 변화하고 우리의 라이프 스타일도 변화합니다. 하지만 그 속에서 살아가는 인간의 마음과 '본래의 자기'는 물에 비친 달과 같습니다. 이 세상이 아무리 빠르게 변해도 결코 변하지 않습니다.

우리가 굳이 정보를 달라고 부탁하지 않아도 미디어와 인터넷은 앞다투어 정보를 가져다줍니다. '요즘엔 다들 맞선 파티에 참가합니다' '지금이 아파트나 주택을 사야 할 최적의 시기입니다' '당신 나이대에 받는 평균 연봉은 이 정도입니다' 등 우리의 마음을 현혹시키는 뉴스와 광고가 판을 칩니다. 하지만 거기에 흔들려 '지금 다니는 회사는 평균보다 연봉이 적으니까 이직을 해야겠어'라고 결심한다면 이제까지 성실하게 쌓아 올린 행복을 무너뜨리는 결과를 낳을지 모릅니다. 심사숙고 끝에 '이직을 하는 것이 내 장래에 도움이 되겠어'라고 생각하면 몰라도 '모두 그렇게 하니까' 하는 이유로 자신의 행동을 결정하는 것은 정보에 휩쓸려 떠내려가는 것과 같습니다.

또 이런 정보를 보며 '남들은 지금 내 나이에 집을 사고 있어'라며 우울해할 것도 없습니다. 아직 살 필요가 없었기 때문에 혹은 장래 계획이나 자녀 교육 문제 등으로 사지 않은 것뿐인데, 마치 집을 사지 않은 자신이 남들보다 부족한 사람으로 느껴지는 이유는 교묘한 선전에 말려들었기 때문입니다. 물론 남들이 몇 살에 집을 사고, 어느 정도의 월급을 받는지 신경이 쓰이겠지요. 하지만 나는 나입니다. 늘 강물에 떠내려가지 않으며 환히 빛나는 달과 같이 자기 자신을 잃어서는 안 됩니다.

나만의 정신을 담아
인생 작품을
만든다

'선禪 예술'이라는 것이 있습니다. 제가 디자인하는 정원도 그렇고, 수묵화나 서예 역시 선 예술이라 할 수 있습니다. 그렇다면 선 예술이란 구체적으로 어떤 것일까요? 예를 들어 어느 사찰에 외국 풍경을 담은 유화가 걸려 있다고 생각해 보십시오. 아무리 사찰에 걸려 있다 해도 "이것은 선화禪畫다"라고 말하는 사람은 아마 없을 겁니다.

이번에는 사찰에 달마 대사 수묵화가 걸려 있다고 생각해 보십시오. 저명한 화가가 고도의 기법으로 그린 훌륭한 수묵화입니다. 이 그림을 보고 "이것은 틀림없는 선화다"라고 말하는 사람도 있겠지만, 실은 이 대답도 틀린 것입니다.

선 예술이란 어디까지나 자신이 도달한 선의 경지 또는 자신이 깨친 도道를 구체적인 형태로 나타낸 것이어야 합니다. 선의 목적은 '본래의 자기 자신과 만나는 것'입니다. 따라서 선 예술은 자기 안에 있는 본질적인 부분과 만나 그것을 직시하고, 어느 것에도 얽매이지 않으며 자유로운 표현으로 그것을 형상화한 것이어야 합니다.

유명한 화가가 그린 달마 대사 수묵화도 만약 그 화가가 도를 깨친 사람이거나 자신이 터득한 마음 상태를 수묵화로 표현한 것이라면 그것은 선화라고 할 수 있습니다. 하지만 그저 고도의 기법으로 그렸을 뿐이라면 그것은 '달마'라는 고정관념에 사로잡혀 그린 것이지 자신의 정신성을 표현한 것이 아닙니다.

이와 같이 선 예술에서는 뛰어난 표현 기법보다는 그 작품에 얼마나 높은 정신성이 담겨 있는지가 중시됩니다. '선禪의 정원' 역시 마찬가지입니다. 일본의 건축 양식이 헤이안 시대(794~1185) 귀족의 주택 양식(기둥과 대들보, 도리만으로 집을 짓는 양식)에서 선종禪

宗의 사찰 건물 양식으로 변화했을 때 정원 역시 크게 변화했습니다. 선종의 사찰 건물 양식이 등장하기 전까지, 정원은 귀족들이 연회를 열기 위한 장소였습니다. 하지만 선승들은 정원을 통해 자신의 마음 상태와 도의 경지를 표현하고자 했습니다. 그 정원을 바라보면서 때로는 자기 자신을 직시하고, 때로는 세상의 진리를 파악하고자 했던 것이지요.

저는 정원 디자이너로서 일본을 비롯해 미국, 중국, 싱가포르 등 10개국 이상의 나라에서 '선의 정원'을 디자인하고 있습니다. 일단 정원 디자인을 의뢰받으면 현지로 가서, 그곳에 선 채로 마음을 고요히 한곳에 모읍니다. '입선入禪'을 하는 것이지요. 그러면 새소리가 들려오기도 하고, 어디에선가 바람이 휘익 하고 불어와 풀들이 흔들리는 소리가 들려오기도 합니다. 그렇게 그곳에 서서 '이 공간에는 어떤 것이 어울릴까'를 생각합니다.

고정관념도, '이렇게 만들어야지' 하는 생각도 전부 버리고 돌과 나무에게 어디에 놓이면 좋겠는지 가만히 묻습니다. 돌과 나무에는 우리 눈에 보이지 않는 움직임이 있습니다. 저는 그것을 석심石心, 목심木心이라 부릅니다. 그리고 눈에 보이지 않는 대지의 움직임, 즉 지심地心까지 합쳐서 그곳에 저의 인격과 생명을 담아 땅의 잠재적인 매력을 이끌어 냅니다.

　선이란 철저하게 자기 발밑을 바라보는 것입니다. 그렇게 만든 정원에는 만든 사람의 에너지가 담깁니다. 이것은 정원뿐만 아니라 예술 전반에 통용되는 이야기입니다. 만약 무언가 만드는 것을 좋아하는 분이라면 '이렇게 만들어져야 해'라는 고정관념을 버리고 자신의 혼을 불어넣겠다는 생각으로 그 작품과 하나가 되어 몰두하십시오. 분명 이제까지와 다른 작품이 탄생할 것입니다.

스스로 해야 할 일을 묻고
하루하루를
담담히 보낸다

중국 당나라 시절, 백장회해百丈懷海라는 선
사가 있었습니다. 선사는 여든이 넘은 나이에 작무作務로 농사를
지었습니다. 작무는 승려가 수행의 일환으로 하는 노동을 뜻합
니다. 젊은 제자들 모두 그의 건강을 염려했습니다. 어느 날 제자
들은 그가 농사일을 하지 못하도록 농기구를 모두 감추었습니다.
백장 선사는 하는 수 없이 작무를 쉬게 되었지요.

그런데 농사일을 하지 못한 선사는 그날 식사를 하지 않았습

니다. 제자들은 그의 건강을 염려하며 "왜 식사를 하지 않으십니까?"라고 물었습니다. 그러자 선사는 "하루 일을 하지 않으면 하루 먹지 않는다—日不作 —日不食"고 답했습니다. 즉 '그날 해야 할 일을 하지 않으면, 일을 하지 않은 만큼 식사를 하지 않겠다'는 의미이지요.

선사의 말을 이해한 제자들은 크게 반성하며 농기구를 그에게 돌려주었습니다. 선사는 이내 농사일을 했고, 그 후에 식사를 했다고 합니다.

이 이야기는 '일하지 않은 자, 먹지도 말라'는 속담과 혼동됩니다만, 의미가 전혀 다릅니다. 선종에서 말하는 작무란 사람으로서 해야 하는 기본적인 행위를 가리킵니다. 선사가 제자들에게 가르쳐 준 것은 자신이 해야 할 일이 무엇인지를 스스로에게 진지하게 물으며 살아가라는 것이었습니다.

일본에서는 선종 승려라면 누구나 반드시 경험하는 수행이 있습니다. 그것을 '운수雲水'라고도 합니다. 그 시기에는 좌선, 청소, 농사, 요리 같은 작무를 매일매일 묵묵히 해 나갑니다. 이러한 일상, 다시 말해서 '매일매일 해야 할 일'을 반복적으로 처리하는 것이야말로 진정한 수행인 것이지요.

단조로운 일상을 보내다 보면 자극적거나 특별한 일을 하고 싶어집니다. 하지만 잠시 멈춰 서서 생각해 보십시오. 자극과 특별함을 추구하기 전에 오늘 내가 해야 할 일을 다했는지. 아무리 지루해도 혹은 아무리 절망에 빠져 있어도 지금 이 순간에 자신이 해야 할 일이 있을 것입니다. 하루에 한번 멈춰 서서 오늘 나는 무엇을 해야 하는지 스스로에게 질문을 던져 보십시오. 그리고 그것을 했는지 반성해 봅시다.

몸을 움직이고
땀을 흘리면
얻을 수 있는 것

'선禪을 배우고 싶다.' '심플하고 건강한 삶을 살고 싶다.'

아마 이 책을 손에 든 분이라면 분명 이런 생각을 할 것입니다. '하지만 어떻게 첫걸음을 떼야 할지 모르겠다' 혹은 '노력하는데도 단순함과는 거리가 먼 생활을 하고 있다' '지금은 정리 정돈이 잘된 방에서 기분 좋게 지내지만 언제 다시 내 안의 게으름뱅이가 고개를 치켜들고 한심한 생활로 돌아갈지 알 수 없다.'

혹시 이런 마음이지 않습니까?

인간이란 몸이 편한 쪽으로 흘러가기 쉽습니다. 특히 여성은 아내, 어머니, 회사원 등 다양한 역할을 요구받기 때문에 "매일 정신없이 바빠요"라고 말하는 사람이 많을 것입니다. 그럴 때 사람은 편리한 물건, 생활을 편하게 해 주는 도구를 찾기 마련입니다. 그건 어쩔 수 없는 일이라고 생각합니다. 회사 일이나 육아에 쫓기는 사람에게 "편리함에 의지해서는 안 된다. 세탁기와 전자레인지가 없던 시절처럼 집안일을 하라"고 하는 것은 무리입니다.

하지만 바빠서가 아니라 게으르기 때문에 편리함을 추구하는 것이라면 문제가 있습니다.

가령 인기가 많은 청소기가 있습니다. '주말에는 직접 청소하지만, 평일에는 먼지가 쌓이는 것이 싫어서 청소기를 이용한다' 정도라면 괜찮습니다. 그런데 '아, 청소하기 귀찮아. 이것만 있으면 이제 직접 청소하지 않아도 돼!'라는 생각으로 청소기를 쓰기 시작하면 문제가 발생할 것입니다.

본디 청소란 아무렇게나 방치된 물건들을 정돈하며 하는 것입니다. 청소기가 윙 하고 지나가면 바닥의 먼지는 없어질지 몰라도 벗어 던진 옷이나 아무렇게나 쌓아 둔 책들은 그대로이지 않습니까?

편안히 지내며 자신을 향상시킬 수 있는 것은 거의 없습니다. 몸을 움직이며 땀을 흘림으로써 깨달음을 얻게 되고, 상쾌한 기분을 맛볼 수 있게 됩니다. 다 끝난 후에 "야호!"라고 말하고 싶어질 만큼 큰 만족감을 느낄 것입니다. 그리고 그때 느낀 만족감이 '다음에도 열심히 해야지'라는 에너지로 이어지게 됩니다.

만약 자신이 편안하게 텔레비전을 보는 동안 청소로봇이 청소를 대신 끝냈다면 스스로 해냈다는 성취감은 맛볼 수 없을 것입니다. '어, 벌써 끝났네. 편해서 좋다' 정도밖에 생각하지 못하겠지요.

물론 뭐든지 100퍼센트 자기 스스로 하는 것은 힘든 일입니다. '평일에는 청소기에 의존하지만, 주말에는 내가 직접 해야지' '평소에는 시간이 없으니 방을 어지럽히지 않도록 주의하고, 한가한 시간이 단 30분이라도 생기면 그때 청소기를 돌려야지' 하는 식으로 융통성 있게 스스로 할 일과 기계를 활용할 일을 구별하십시오.

'해야 한다'고
생각하면
즉시 행한다

'편한 쪽으로 흘러간다'는 것에 대해 조금 더 자세히 이야기해 보겠습니다. 흔히 '물은 높은 곳에서 낮은 곳으로 흐른다'고 하지요. 사람도 마찬가지로 조금만 방심하면 마치 물이 산에서 강으로 흘러 내려가는 것처럼 편한 쪽으로 흘러가 버리기 십상입니다.

이것은 스스로 깨닫고 경계하지 않는 한 빠져나오기 어렵습니다. 인간의 게으른 습성이라고 해야 할까요. 한번 편안함을 맛보면 멈추지 못하고 무절제한 생활을 계속하게 됩니다. 그렇게 되면 방이 지저분해도 '이 정도면 됐지 뭐', 요리를 할 때도 '인스턴트 음식으로 때워야겠다', 음식물 쓰레기가 쌓여도 '다른 날 버려도 되니까 오늘은 내버려 두자', 클라이언트에게 줄 자료에 오타가 있어도 '고치기 귀찮으니까 그냥 모른 척하자', 이런 식으로 모든 일을 대충대충 해 버리게 됩니다.

이런 생활은 그 사람의 외면에도 드러납니다. '성가신 일은 하기 싫다'는 마음이 겉으로 드러나 움직임 하나하나가 엉성해지지요. 외모를 신경 쓰는 것조차 피곤해지고, 부정적인 말만 하게 됩니다. 그러다 보면 무기력하고, 패기 없고, 다가가기 힘든 사람으로 비춰지게 됩니다.

그럴 때의 처방은 딱 한 가지입니다. '이대로는 안 되겠다'는 생각이 든다면 그 즉시 몸을 움직이는 것입니다. 하지만 게으름이 몸에 밴 사람은 바로 움직이지 않습니다. 행동을 뒤로 미루기 위해 먼저 계획을 짜려고 하지요.

'무절제한 생활을 바로잡으려면 일단 행동에 옮겨야 해. 자, 언제부터 시작할까. 오늘 오후부터? 내일부터? 아니야, 주말이 시간 내기가 쉽겠지?'

'그런데 무엇부터 해야 할까? 우선은 청소를 해야 하나. 제일 지저분한 건 주방인데, 설거지는 귀찮으니까 욕실부터 할까? 아니야, 빨래부터 하자. 그 전에 세탁소에 보낼 옷들을 정리해야 하는데….'

그렇게 오랜 시간을 들여서 '주말에 일찍 일어나서 욕실과 주방을 반짝반짝하게 닦아야지!'라는 계획을 세워 봤자, 토요일 아침이 되면 '휴일에는 그냥 푹 쉬고 싶어'라며 무절제한 생활을 하고 맙니다. 혹시 당신도 그렇지 않습니까?

그러지 말고 마음먹은 즉시 행동에 옮깁시다. 주방 쓰레기를 처리하거나 바닥에 널브러진 책들을 책장에 꽂거나 세탁소에 보낼 옷을 정리하는 데는 그다지 시간이 오래 걸리지 않습니다. 막상 행동에 옮기고 나면 어이없을 만큼 금방 끝나는 일들인데 머릿속에서 '해야만 해. 근데 귀찮아'라고 생각하다 보면 영영 해결되지 않는 것이지요.

편한 쪽으로 흘러가는 자신을 멈춰 세울 수 있는 것은 오로지 자기 자신뿐입니다. 해야 한다고 생각한다면 지금 당장 몸을 움직이십시오. 지금 이 순간의 행동이 곧 모든 것입니다.

과정을 중시하면
다음으로
이어진다

요즘 사람들을 보면 너무 결과만 중시하는 것 같습니다. 상사가 "방식이야 어찌됐든 당장 결과를 내놔라" 하고 요구하면 부하는 지시에 따를 수밖에 없습니다. '참 힘들겠구나' 하는 생각이 듭니다. 제가 보기에 지금 우리 사회의 모든 평가 방식이 미국식으로 변하는 것 같습니다.

아시다시피 미국은 성과주의 사회입니다. 하지만 성과주의가 미국에 침투된 데에는 다 그럴 만한 이유가 있었습니다. 미국은 다민족 국가입니다. 영국계, 이탈리아계, 중국계도 있습니다. 미국 원주민도 있고, 먼 조상이 아프리카 출신인 사람도 있고, 남미에서 건너온 사람도 있지요. 그야말로 인종 전시장입니다. 그들은 모두 미국인이지만 인종, 문화, 종교에 따라서 저마다 다른 가치관으로 살아갑니다. 그런 그들이 하나의 사회에서 일할 때, 일 처리 방식이 다른 것은 당연한 일입니다.

그렇다 보니 일의 과정을 따져 봤자 별 의미가 없었습니다. 과정이 너무 달라서 비교할 수가 없는 것이지요. 따라서 최종적으로 어떤 결과를 냈느냐가 전부가 되었고, 결과에 따라서 평가를 하게 된 것입니다.

미국의 성과주의는 '일을 처리하는 방식은 가치관에 따라 다양하기 때문에 당신에게 전적으로 맡기겠다. 처리 방식이야 어떻든 결과를 낸다면 그걸로 됐다'는 사고가 전제로 깔려 있습니다. 그러한 토대에서 발전한 것입니다.

하지만 일본의 경우는 어떨까요? 원래 일본은 누가 어떤 과정으로 일을 처리해 어떤 결과를 얻었는지 평가하는 나라였습니다. 물론 결과를 얻는 것을 목표로 하지만, 지금 자신이 할 수 있는 것에서부터 시작해 차근차근 결과까지 이어 갔습니다. 그리고 상사는 그것을 지켜보며 일의 과정까지 포함해 결과를 평가했습니다.

예를 들어 당신이 처음으로 어떤 프로젝트의 담당자가 됐다고 가정해 봅시다. 첫 번째 프로젝트였기에 서투르지만 무조건 열심히 했습니다. 하지만 어느 부분에선가 그만 실수를 저질러서 프로젝트가 잘 돌아가지 않게 돼 버렸습니다. 이런 경우 미국에서라면 "이 사람은 결과를 내지 못했다. 능력이 없다"고 평가할 것입니다. 하지만 과거 일본에서는 "당신은 이 부분에서 실수를 저질렀는데, 다음에는 이것만 조심하면 괜찮을 것이다. 실패도 경험이니 이번 실수를 앞날을 위한 밑거름으로 삼으면 된다"며 과정도 평가해 주었습니다. 노력하지 않은 사람은 물론 혼을 냈지만 노력했는데도 실수한 사람에게는 "그래도 열심히 했다"며 위로의 말을 건넸습니다.

그런데 지금은 뭐든지 미국식 평가 방식을 받아들여 '과정 따위는 필요 없다. 내가 원하는 것은 결과다'라는 풍조가 만연합니다. 그 때문에 경쟁도 치열해지고 모두가 괴로워하는 것입니다. 실수를 하면 "왜 그걸 못하는 거야. 노력을 안 해서겠지"라는 말을 듣게 됩니다. 열심히 했지만 실수한 사람과 노력을 안 해서 실수한 사람을 똑같이 취급하는 것이지요. 따라서 열심히 노력했는데도 부정적으로 평가받은 사람은 '난 열심히 해도 안 되는 사람인가 봐'라고 생각하게 됩니다.

설령 결과가 좋지 않아도 그때까지의 노력이 쓸모없는 것은 아
닙니다. 그 노력은 인생의 소중한 양식이 되어 분명 어딘가에 도
움이 될 것입니다. 결과에만 너무 급급해하지 말고, 지금 자신이
해야 하는 일에 노력을 아끼지 말아야 합니다. 그렇게 하면 길은
반드시 열릴 것입니다.

이것은 회사 업무뿐만 아니라 생활 전반에 통하는 이야기입니
다. 공부를 했는데도 성적이 좋지 않은 아이에게 당신은 "잘 했
어"라고 말할 수 있습니까? 매일 밤늦게까지 야근해도 월급이 오
르지 않는 남편에게 "항상 열심히 일해 주어 고마워요"라고 위로
할 수 있습니까? 혹시 어느 사이엔가 결과에만 초점을 맞춰 살지
않는지 스스로에게 질문해 보십시오.

SNS를 하기 전,
'정말로 필요한지'
자문한다

최근에는 페이스북이나 라인, 블로그 등 각종 소셜 네트워크 서비스(SNS)가 유행입니다. 밖에 나가면 스마트폰으로 경치나 음식 사진을 찍어 자신의 SNS에 올리는 사람들을 흔히 봅니다. 그런데 SNS에 지친 사람도 꽤 많은 것 같습니다. 자신이 즐기기 위해서 시작한 것인데 어째서 스트레스를 받는 것일까요?

저는 SNS 자체는 나쁘지 않다고 생각합니다. 예를 들어 자식이 부모와 멀리 떨어진 곳에서 대학을 다닌다면 SNS를 가족끼리만 보도록 설정하고 서로의 일상을 공유할 수 있습니다. '아아, 오늘 우리 집에서 감자를 수확했구나'라든지 '우리 아들이 오늘 여행을 가는구나'라는 식으로 말입니다. 이렇게 가족이 멀리 떨어져 있어도 SNS를 통해 서로 잘 지내는지 확인할 수 있고, 서로의 사진을 볼 수 있다면 매우 편리한 도구가 될 것입니다.

하지만 불특정 다수에게 자신의 정보를 공개한 후 그것에 대해 '좋아요' 개수가 많으면 스스로 마치 인기인이 되거나 이 사회에 필요한 인물이 된 것처럼 착각하는 사람이 많습니다. 그렇게 되면 '오늘은 여기에 가서 사진을 찍어 올려야 해' '이 가게에 갔으니 블로그에 자세히 올려야지'라며 SNS를 업데이트하는 것에 얽매이게 됩니다.

시간적 여유가 있다면 SNS에 사진을 올리는 것도 괜찮습니다. 하지만 SNS 업데이트나 정보 발신에 의무감을 갖게 되면 정작 자신이 진짜 해야 할 일을 하는 시간이 점점 줄어듭니다. SNS에 사진을 올리고 '좋아요'를 받기 위해 사는 것은 아니지만 꽤 많은 사람이 '좋아요'를 받기 위해 SNS에 뭔가를 올려야 한다고 생각하는 것 같습니다.

얼핏 보기에 현대 사회는 재미있는 것들로 넘쳐 납니다. 하지만 자신이 정보를 발신하는 입장이 되어, 예컨대 사진을 올리는 것에 얽매이면 생각보다 훨씬 더 많은 시간을 소비하게 됩니다. 그 결과, 정작 자신이 진짜 해야 할 일은 하지 못하는 경우가 생깁니다.

SNS에 지친 사람들에게 제가 해 주고 싶은 말은 "그럼 안 하면 될 텐데"입니다. 하지만 인터넷 안에서 한번 인간관계가 구축되고 나면 그만두기가 쉽지 않을 것입니다.

혹시 지금 SNS를 의무감으로 하는 사람이 있다면 일단 일주일이든 열흘이든 SNS를 멀리해 보는 것이 어떨까요. 우리의 유한한 인생을 '좋아요'를 받기 위해 소비하는 것이 과연 바람직한 일인지 그리고 지금 자신이 정말로 해야 할 일이 무엇인지 곰곰이 생각해 보기를 바랍니다.

Chapter 2

원래 상태로 되돌아가지 않는 마음 정리 02

마음을 '지금 여기'로
돌려놓는다

지금 이 순간을
있는 힘껏
살아간다

선종이 일본에 전해진 것은 가마쿠라 시대 (1185~1333)입니다. 그 시대에는 무사들이 정치 권력을 잡았기 때문에 싸움이 끊이지 않았습니다. 목숨이 내일 당장 어떻게 될지 알 수 없는 시대였지요. 무사들은 늘 불안한 삶을 살았을 것입니다. 그때 선승이 찾아와 "지금 이 순간을 있는 힘껏 살아가야 합니다"라는 가르침을 전했습니다. 그것은 내일 당장 목숨이 어떻게 될지 알 수 없더라도 선을 통해 자신의 삶의 방식을 철저히 추구해야 한다는 가르침이었습니다. 설령 내일이 오지 않더라도 지금 이 순간을 열심히 살아간다면 거기서 다시 살 길이 열릴 것이라는 선승의 가르침에 무사들은 큰 위안을 얻었고 그렇게 선승의 제자가 되었습니다.

현재도 선은 '지금 이 순간을 있는 힘껏 살아가야 한다'는 가르침 아래 성립되어 있습니다. 불교에는 '삼세三世'라는 말이 있습니다. 그것은 과거, 현재, 미래를 가리키는 말인데 그중에서 '현재'는 선의 전부라고 해도 과언이 아닙니다. 그만큼 선에서는 '지금'을 소중히 여깁니다.

'이금而今'이라는 선어가 있습니다. 지금 이 순간은 두 번 다시 돌아오지 않는다는 의미입니다. '지금'이라는 시간은 순식간에 과거가 돼 버립니다. 마치 손가락 사이로 새듯, 금세 사라지고 마는 지금이라는 시간은 결코 멈출 줄 모릅니다. 그렇기 때문에 지금을 열심히 사는 것만이 현재의 자신을 미래로 이어 갈 수 있는 유일한 방법입니다.

선에는 '한 호흡을 산다'는 말이 있습니다. '우리 인생에서 호흡한 번 하는 지금 이 순간만이 진실이다. 그러니 온 힘을 다해 지금을 살아라' 하는 의미입니다.

사람은 누구나 과거에 집착합니다. 과거의 실수를 떠올리며 끙끙 앓거나 '그때 이렇게 했으면 좋았을 텐데'라며 후회하거나 과거의 영광을 잊지 못해 새로운 발걸음을 떼지 못하는 경우가 있습니다. 그뿐만 아니라 미래에 대한 기대와 불안도 머릿속에서 좀처럼 떠나지 않습니다. 하지만 아무리 멋진 미래를 머릿속에 그려 봤자, 지금이라는 이 순간을 열심히 살지 않으면 그날은 영원히 찾아오지 않을 것입니다.

지나간 시간을 다 잊으라는 소리가 아닙니다. 하지만 과거에만 머무르면 지금을 살아갈 수 없습니다. 과거의 실패에서 교훈을 얻은 후 실제로 일어났던 일은 잊어도 좋습니다. 그 교훈을 바탕으로 같은 실패를 되풀이하지 않으면 되는 것입니다. 미래도 마찬가지입니다. 머릿속으로 목표를 그리는 것은 좋지만 '지금'을 소홀히 한다면 그것은 본말이 전도되는 것입니다.

지금 씨앗을 뿌리지 않으면 아무리 기다려도 싹이 나지 않습니다. 우리가 살아가는 이 세상에는 과거도 미래도 존재하지 않습니다. 과거와 미래는 머릿속에만 존재하는 것입니다. 그것들을 전부 손에서 놓아 버리고 철저하게 지금 이 순간을 살아야 합니다. 그것이 선의 가르침에 따르는 삶입니다.

현관의
신발부터
가지런히

'지금'이라는 시간을 있는 힘껏 살아가기 위해 하루도 빠짐없이 꼭 실천하기를 바라는 것이 있습니다. 그것은 벗은 신발을 가지런히 정돈하는 것입니다. '뭐야, 별거 아니잖아'라고 생각할지 모르지만, 이런 사소한 일조차 하지 못하는 사람은 '지금'이라는 시간을 소중히 여길 수 없습니다. 절의 현관에는 '조고각하照顧脚下'라는 선어가 걸려 있는 경우가 많습니다. 이것은 '자신의 발밑을 잘 살펴라'는 의미인데 한마디로 '신발을 잘 정돈하자'는 소리지요.

신발을 정돈하는 데 드는 시간은 고작 몇 초입니다. 정돈할 마음만 있다면 금방 할 수 있는 일이지요. 사람들 대부분이 자신의 집이 아닌 곳에서는 누가 시키지 않아도 신발을 잘 정돈합니다. 그런데 정작 자신의 집에서는 신발을 벗은 채 그대로 내버려 두는 경우가 많습니다.

벗은 신발을 정돈하지 않는 사람은 '이런 건 사소한 일이야. 중요치 않아'라고 생각할지 모릅니다. 또는 너무 바빠서 신발을 벗은 후 까맣게 잊어버린 것일지도 모릅니다. 벗은 신발을 정돈하는 것은 마음을 '지금 여기'로 돌려놓는 행위입니다. 심란한 마음으로 집에 돌아왔어도 현관에서 신발을 정돈하며 마음을 '지금 여기'로 돌려놓는 것이지요.

그러면 신발을 바르게 정돈하는 방법에 대해 간단히 설명하겠습니다. 신발의 앞코가 집안을 향하게 하는 것을 '입선入船', 문 쪽을 향하게 하는 것을 '출선出船'이라고 합니다. 따라서 집에 들어갈 때는 입선, 즉 집안을 향해 신발을 벗은 후 정돈할 때는 180도 반대로 돌려 출선 상태로 만듭니다.

언제나 자신의 발밑을 살펴볼 것. 그리고 그 사소한 행동을 게을리하지 말 것. '조고각하'는 우리에게 그러한 가르침을 줍니다. 사찰 현관처럼 이 말을 현관에 써 붙이는 것도 좋은 방법입니다. 자신이 벗은 신발을 정돈하며 마음을 지금 여기로 돌려놓는 것. 오늘부터 시작해 보면 어떨까요.

원래 상태로 되돌아가지 않는 마음 정리 14.

눈물이 나올 만큼
진심을
다한다

앞서 결과가 아닌 과정을 중시해야 한다는 이야기를 했습니다. 가령 당신이 누군가를 평가하는 입장이라면 그 사람의 과정까지 평가할 수 있습니다. 즉 열심히 노력했지만 결과가 따라오지 않은 사람에게 "이 실패를 교훈 삼아 다음에는 성공하면 됩니다"라고 말해 줄 수 있는 것이지요. 하지만 반대로 당신이 평가받는 입장이라면 어떨까요? 당신이 직접 상사에게 "내가 이만큼 노력했다는 것을 인정해 줬으면 좋겠습니다"라고 말하기는 어려울 것입니다. 만약 회사나 사회 혹은 가족 중 누군가 당신의 노력을 제대로 평가해 주지 않는다면 당신 스스로 그 노력을 인정해 주십시오. 단 스스로 최선을 다했다고 한 치의 망설임도 없이 말할 수 있는 경우에 한해서입니다.

제가 대학생들에게 자주 하는 말이 있습니다. "기뻐서 흘리는 눈물이든 안타까워서 흘리는 눈물이든 어찌됐건 눈물이 날 만큼 최선을 다했는지 자기 스스로에게 물어봐라"입니다. 진심을 다해 그 일에 임했다면 그 일을 달성했을 때 기쁨의 눈물이 흐를 것이며, 실패했을 때는 '내가 그렇게 열심히 했는데'라며 안타까움의 눈물이 흐를 것입니다. 즉 눈물이 나지 않는다는 것은 진심이 부족했다는 것이지요.

성공했든 실패했든 눈물이 나지 않는다면 혹시 자신의 태도에 진지함이 부족했던 것이 아닌지 스스로에게 물어보십시오. 실패한 뒤 실실 웃거나 "이번에는 진지하게 하지 않아서 그래"라고 말하는 것은 결국 "나는 아무것도 하지 않았다"고 말하는 것과 다름없습니다. 이럴 경우에는 자신을 평가할 수 없습니다.

눈물이 날 만큼 진심을 다해 임한다는 것은 망설임이 없는 상태를 의미합니다. 진지하게 노력을 계속했다는 것이지요. '수도 거성水到渠成'이라는 말이 있습니다. 물이 흐르는 곳에는 자연히 개천, 즉 도랑渠이 생긴다는 의미입니다.

당신이 할 수 있는 최선의 노력을 순수하게 계속해 나가십시오. 그렇게 하면 물줄기가 도랑을 만들 듯 언젠가 반드시 당신의 인생이 열리게 될 것입니다.

순수한 마음으로
지금 하는 일에
몰두한다

선에서는 자주 '그것과 완전히 하나가 됩시다'라는 말을 합니다. 이것이 무슨 의미일까요? '끽다끽반喫茶喫飯'이라는 선어가 있습니다. 이것은 '차를 마실 때는 차를 마시는 것, 밥을 먹을 때는 밥을 먹는 것 그 자체가 된다'는 의미입니다. 즉 순수하게 그 행위에 전념하는 것의 중요성을 가르치는 것이지요.

지금 하는 일에 철저하게 집중하는 것. 다른 생각은 끼어들 틈도 없이 그 행동과 하나가 됐을 때 마음은 거울처럼 맑고 잔잔한 아침 바다처럼 고요해집니다.

저는 정원 디자이너로 일하고 있습니다. 예전에 초등학생들에게 모형 정원 만들기를 지도한 적이 있습니다. 가로세로 각각 50센티미터인 상자를 준비해서 그 안에 자유롭게 정원을 만드는 것이었습니다. 처음에 간단히 설명해 준 후 작업을 시작했습니다. 그러자 모두 눈을 반짝이며 상자 안에 모래와 식물을 배치하고 자신만의 정원을 만들기 시작했습니다. 모두 머릿속에 모형 정원의 완성도를 갖고, 그것을 만드는 데 푹 빠져서 부지런히 손을 움직였습니다. 누구도 '칭찬받고 싶다'라든지 '다른 사람보다 좋은 정원을 만들고 싶다'라는 동기로 움직이지 않았습니다. 아이들은 모형 정원을 만드는 작업과 하나가 된 것이었습니다. 그 모습은 감동적이라 할 만큼 아름다웠습니다. 아무런 계산도 잡념도 없이 오로지 손을 움직이는 아이들. 바로 그 모습이 선의 정신이라고 생각합니다.

그런데 어른의 세계에서는 그렇게 순수해지는 것이 어려운 일일까요? 맡은 일을 잘 수행해서 출세하고 싶은 마음도 있을 것입니다. 동료보다 더 좋은 기획안을 제출하고 싶은 경쟁심도 있을지 모릅니다. 저는 그런 계산적인 어른의 세계에서도 순수해질 수 있다고 생각합니다. 어떤 일을 시작했을 때 오로지 그 내용 속으로 깊게 파고들면 됩니다.

'의욕이 생기지 않아' 하는 생각이 들어도 오로지 열심히 손을 움직이다 보면 어느 사이엔가 무뎌진 감각이 예리해지면서 의욕이 솟아날 것입니다. 이것은 뇌 과학에서도 이미 증명된 사실로, '작업 흥분'이라고 부릅니다.

앞서 말한 선어 '끽다끽반'에서 '끽喫' 자는 그저 마신다는 것을 뜻하지 않습니다. 부처님의 마음이 살아 숨 쉬는 인생 그 자체를 가리킵니다. '지금'이라는 시간은 그것을 의식한 순간 이미 과거가 되어 있을 만큼 덧없는 것입니다. 하지만 그렇기 때문에 선에서는 '그 순간 그것과 완전히 하나가 될 수 있는가?' '지금 이 순간에 몰두할 수 있는가?'를 묻는 것입니다.

'다음에 해야지'는 하지 않겠다는 것과 마찬가지

앞에서도 여러 차례 말했듯이 선에서는 '지금'을 중시합니다. 하지만 많은 사람이 갖가지 핑계를 대며 '지금'을 살아가지 않는 것 같습니다. 사람들에게 "왜 '지금' 하지 않는가?" 물으면 "할 때는 합니다" "기회가 오면 그때는 바로 움직입니다"라는 답을 자주 듣습니다.

하지만 그것은 변명에 지나지 않습니다. 선에서는 "다음에 해야지"에서의 '다음'은 없다고 가르칩니다. '지금 해야 한다.' 그것이 바로 선적 발상입니다.

기회, 즉 인연은 부자든 가난뱅이든 지위가 높은 사람이든 낮은 사람이든 모두에게 똑같이 찾아옵니다. 비유하자면 매화나무에 불어오는 봄바람과 같은 것이지요. 그러나 봄바람이 불 때 꽃을 피울 준비가 됐는지는 매화나무 각각의 상태에 따라 다릅니다. 추운 겨울날 꽃을 피울 준비를 확실하게 해 놓은 매화나무는 한순간 불어온 봄바람에 아름답게 꽃을 피울 수 있습니다. 하지만 최초의 봄바람이 불고 나서 '자, 이제 슬슬 꽃을 피울 준비를 해 볼까' 하며 준비하면 때는 이미 늦습니다. 다음 날부터는 다시 찬바람만 씽씽 불지 모릅니다. 그러면 그 나무는 꽃을 피우지 못한 채 끝나 버리고 마는 것이지요.

그 준비라는 것이 불교에서 말하는 인因, 즉 원인입니다. 한순간 불어온 봄바람이 연緣이며, 그렇게 인과 연이 맺어져서 꽃을 피우는 것입니다. 즉 좋은 연을 붙잡느냐 그렇지 못하느냐는 평소 얼마나 제대로 준비했는가에 달린 셈입니다.

일본불교의 한 종파인 조동종曹洞宗을 처음 일으킨 분으로 불리는 도원道元 선사는 '생사사대 무정신속生死事大 無情迅速'이라는 말을 했습니다. 태어나서 죽을 때까지의 인생이란 매우 소중한 것인데, 그 시간이 몹시 순식간에 지나가 버린다는 의미입니다. 일본 사찰에는 목판木版으로 부르는, 쳐서 소리를 내는 나무판자가 있는데 거기에도 이 선어가 쓰여 있습니다. 선승들은 이 말을 보며 늘 가슴에 새깁니다.

인간에게 주어진 시간은 유한합니다. 지금 이 순간의 노력이 우리의 일생을 만들어 가므로 어느 한순간도 쓸데없이 보낼 수 없습니다. 그런데도 '다음에 해야지' '내일부터 하면 돼'라고 말해도 될까요.

사람과의 인연, 일과의 인연, 이성과의 인연 등 세상에는 많은 인연이 있습니다. 앞서 말했듯이 그 인연들은 봄바람처럼 우리 모두에게 똑같이 찾아옵니다. 하지만 평소 인연을 붙잡을 준비를 해 두지 않으면 봄바람이 불어왔다는 사실조차 눈치채지 못할 것입니다. 봄바람이 불고 난 다음에 움직여 봤자 때는 이미 늦습니다. 무절제하게 보낸 시간은 두 번 다시 돌아오지 않습니다.

좋은 인연을 붙잡기 위해 지금 이 순간부터 '다음에 하겠다'는 말을 아예 봉인해 버리는 것이 어떨까요.

작은 목표부터
세우고
날마다 노력한다

　　무언가를 이루기 위해 목표를 세울 때 당장 큰 목표부터 세우는 사람이 많습니다. 예를 들어 다이어트를 계획할 때 '몸무게를 10킬로그램 빼야지'라거나 그때까지 제대로 운동을 해 본 적도 없으면서 '매일 아침 30분씩 조깅을 하겠어'라고 결심합니다. 하지만 의욕에 넘쳐 그렇게 다이어트를 시작해 봤자, 가족 중 누군가 맛있는 케이크를 사 오면 '오늘 하루만'이라며 먹어 버린다거나 아침에 비가 오면 '오늘은 조깅을 못 하겠다. 좀 더 자야지' 하고 게으름을 피우고 맙니다. 그러고는 '10킬로그램을 빼려고 했는데 어젯밤에 케이크를 먹었더니 오히려 몸무게가 늘어 버렸어. 포기할래'라거나 '조깅을 한 번 빼먹었더니 매일 30분씩 뛰는 것이 귀찮아졌어. 날씨가 안 좋은 날에는 못 하니까 다른 운동을 찾아봐야지'라며 서서히 다이어트에서 멀어져 갑니다.

목표를 너무 크게 세우면 이렇게 '올 오어 낫씽all or nothing' 즉 전부를 걸거나 아예 아무것도 하지 않게 되기 쉽습니다. 큰 목표만 쳐다보느라 매일매일의 꾸준한 노력을 기뻐할 수 있는 여유가 사라지는 것입니다. 기쁨이 없으니 조금만 귀찮아져도 '이제 못 하겠어'라며 포기하는 것이지요.

'깨달음을 얻겠다'며 의욕적으로 수행에 임한다고 해서 깨달음의 경지에 도달하는 것은 아닙니다. 선에서는 마음을 비우고 눈앞에 있는 일을 하나하나 담담히 처리해 나가다 보면 어느 사이엔가 깨달음의 경지에 도달할 수 있다고 가르칩니다. '무심귀대도無心歸大道'는 이러한 뜻을 지닌 선어입니다.

'10킬로그램을 빼겠다'는 큰 목표는 일단 잊고 '식사를 할 때는 위장의 8할만 채우겠다'라든지 '매일 아침 조금씩 산책을 하겠다' 등의 작은 목표를 세우십시오. 그리고 그 작은 목표에 초점을 맞춰 날마다 꾸준히 노력하는 것입니다. 그랬는데도 작심삼일로 끝나는 사람은 일정 수준을 달성하면 스스로에게 상을 주는 게 어떨까요.

대나무는 일정한 길이로 마디마디를 만들며 계속 자랍니다. 그마디 덕분에 대나무는 유연하게 성장할 수 있는 것입니다. 대나무의 마디처럼 일정 기간 노력한 후에는 스스로에게 작은 상을 줍시다. 예를 들어 '매일 30분씩 걷기'라는 작은 목표를 한 달 동안실천했다면 상으로 소소한 쇼핑을 즐긴다거나 가고 싶었던 곳에가거나 극장에 가서 좋아하는 영화를 보는 것입니다. 그런 즐거움이 대나무의 마디 역할을 해서 결심이 무너지지 않게 해 줍니다. 그러다 보면 어느 날 드디어 자신이 꿈꾸던 몸무게에 도달할수 있을 것입니다. 그렇게 하면 건강하게 살을 뺄 수 있으며 요요현상 없이 몸무게를 유지할 수 있습니다.

나중에 다시 언급하겠지만 단기간에 생활 습관을 바꾸려 하지 않는 것이 좋습니다. 새로운 습관은 100일간 지속해야 몸에밴다고 합니다. 무슨 일이든 100일간 지속하겠다는 결심으로 임합시다.

광고 말고
나에게 필요한
정보에 집중한다

지금은 정보가 넘쳐 나는 시대입니다. 특별히 정보를 찾아 나서지 않아도 텔레비전과 인터넷으로 끊임없이 정보들이 밀려듭니다. 외식을 하려는 마음이 없다가도 텔레비전의 음식 프로를 보고 거기에 나온 식당에 가 보고 싶어 합니다. 인터넷을 검색하다 발견한 최신 다이어트 광고에 이끌려 클릭을 합니다. 누구에게나 이런 경험이 있지 않을까요.

예전에는 그렇지 않았습니다. 인터넷처럼 편리한 도구가 없었기 때문에 뭔가 알아봐야 할 것이 있으면 직접 조사하러 나가야 했습니다. 도서관에 가서 알아보거나 그 분야를 잘 아는 사람을 찾아가 이야기를 들어 보는 등 스스로 정보를 구해야 했지요. 물론 예전에도 광고는 있었지만 지금에 비할 바가 아니었습니다. 현대 사회는 인터넷의 보급으로 온종일 곳곳에서 광고를 보게 됩니다. 검색 사이트에 들어가면 많은 광고가 떠 있고, 쇼핑 사이트에 들어가면 '당신에게 추천하는 상품'이라며 다양한 광고가 뜹니다. 보는 사람이 클릭하지 않을 수 없게 만듭니다. 최근에는 텔레비전에서도 'ㅇㅇㅇ을 검색하라'며 인터넷과 연동된 광고를 많이 볼 수 있습니다.

사고 싶어지고, 이용하고 싶어지는 정보가 끊임없이 밀려와서 우리를 에워쌉니다. 너무 많은 정보가 밀려들면 '이것도 갖고 싶어, 아 저것도 갖고 싶어…. 그런데 잠깐. 내가 진짜 하고 싶었던 게 뭐더라?' 하는 식으로 자신의 마음도 알 수 없게 됩니다.

우리는 어째서 밀려드는 정보를 계속해서 받아들이는 걸까요? 그것은 '지금보다 더 나은 내가 되고 싶다' '남들이 다 하는 거니까 나도 하지 않으면 불안하다'는 생각에 얽매여 있기 때문입니다.

앞서 마음의 대사증후군에 대해 이야기했는데, 그것과 마찬가지입니다. 밀려드는 정보를 분별없이 받아들이고, 더 많은 정보를 얻고자 뒤따라 다니다 보면 순식간에 '좀 더, 좀 더'라는 집착의 소용돌이에 빠지게 됩니다. 남들이 가진 가방을 나도 가져야 할 필요는 없습니다. 남들과 비슷하게 돈을 벌어야 하는 것도 아닙니다. 나는 나일 뿐 다른 누구도 아닙니다. 있는 그대로의 모습이 진짜 당신인 것입니다.

현대 사회에서 인터넷 없이 살아가기란 어려운 일입니다. 일할 때나 공부할 때 인터넷은 없어서는 안 될 필수품입니다. 또 취미생활에 대한 정보도 도서관이나 서점에 가지 않아도 쉽게 구할수 있습니다. 이처럼 인터넷은 잘만 이용하면 무척 편리한 도구입니다. 넘쳐 나는 광고에 현혹되지 않도록 주의하면서 자신에게 필요한 만큼의 정보를 얻어야 합니다. 그것을 의식하며 약간의 긴장감을 가지고 인터넷과 텔레비전을 접합시다.

불필요한 것은 아예 쳐다보지 않는다

좌선할 때 시선은 약 45도로 대각선 아래 쪽을 바라봅니다. 이렇게 보는 눈을 '반안半眼'이라고 합니다. 옛 날 말로 설명하자면 앉았을 때 3척(약 1미터), 섰을 때 6척 앞을 바 라보는 각도입니다.

이 반안은 부처님의 눈빛과 같습니다. 여러분도 직접 따라 해 보면 알 수 있는데, 눈을 반쯤 뜨면 시야가 상당 부분 제한됩니 다. 시선을 위로 올려 뜨면 전부 보이던 것들이 반쯤 뜨면 절반도 채 보이지 않지요. 그러면 마음이 한결 차분해지는 것을 느낄 수 있습니다.

많은 정보를 접할 때도 이 반안의 정신으로 접하는 것이 좋습니다. 필요 없는 것은 아예 눈에 들어오지 않게 하거나 듣고 흘려보내야 합니다. 그렇게 하지 않으면 정보가 너무 많아서 이것도 좋아 보이고 저것도 좋아 보여 자신이 정말 하고 싶은 것이 무엇인지, 자신에게 가장 필요한 것이 무엇인지 알 수 없게 됩니다. 정보를 쭉 늘어놓고 조건과 사양을 비교하는 것에만 몰두하면 그러한 일이 자신을 괴롭힌다는 사실조차 깨닫지 못합니다.

취직을 예로 들어 설명하겠습니다. 예전에는 지금처럼 인터넷으로 정보를 수집하지 않았기 때문에 학교 선생님이나 주변 어른들이 "이 회사가 괜찮을 것 같은데 취직해 보는 게 어때?"라며 추천하는 곳으로 결정했습니다. 또는 부모님의 가업을 이어받는 경우도 많았습니다. 선택의 범위가 매우 좁았지만 오히려 선택지가 적은 덕분에 비교 대상이 별로 없었습니다. 그래서 망설임 없이 그 일에 전념할 수 있었지요.

그런데 현대인은 많은 일을 비교해서 선택할 수 있게 되었습니다. 직업의 내용도 다양해졌고, 같은 직종도 회사에 따라 세부

조건이 다릅니다. 그리고 그것을 인터넷으로 손쉽게 비교할 수 있게 되었습니다. 그렇다 보니 취직을 한 후에도 '이 회사에 계속 다녀도 되는 걸까?' '요즘 저 회사가 더 뜨고 있어. 여기 들어오는 게 아니었어'라며 끊임없이 망설임이 생겨납니다. 그 결과 취직한 지 얼마 지나지 않아 사표를 던지는 사람이 많아졌습니다. 예전처럼 직업의 선택지가 적었던 시절이 더 좋았다는 이야기가 아닙니다. 단지 예전에는 회사들을 쉽게 비교할 수 없는 상황이었기 때문에 이곳이 내가 있어야 할 곳이라고 굳게 믿고 일에만 전념할 수 있었습니다. 그런데 지금은 어떤가요? 자신이 선택한 길인데도 끊임없이 다른 회사와 비교하며, 지금 자신이 해야 할 일에 전념하지 못하는 사람이 많지 않습니까? 바로 그 점이 문제입니다.

배우자를 선택하거나 자식을 키울 때도 마찬가지입니다.

'친구의 남편은 내 남편보다 월급이 많아.'

'저 집 아이는 우리 아이와 같은 학년인데 벌써 어려운 계산 문제를 풀어.'

현대인은 곧잘 이런 비교를 하는데 그래 봤자 스스로 괴로울 뿐 아무런 의미도 없습니다.

비교하지 않으려면 마음의 눈을 반쯤 뜨고 불필요한 정보가 들어오지 않게 하는 것이 좋습니다. 분명 '여기서 열심히 일해야지'라고 결심했던 직장이며, '이 사람과 함께 잘 살아 보자'라고 결심했던 배우자입니다. 쓸데없는 정보에 현혹되지 말고 있는 그대로를 받아들이십시오.

비교는
자기 자신만
괴롭히는 일

한 가족이 있었습니다. 그 가족은 자신들의 삶에 만족하며 행복하게 살았습니다. 그러던 어느 날 이웃이 새로 집을 지었습니다. 매우 넓고 쾌적해 보이는 집이었지요. 그 가족은 자신들의 집이 조금 오래되기는 했지만 특별한 불만은 없었습니다. 방도 부족하지 않았으니까요. 그런데 새로 지은 옆집을 보고 그 집 부인이 비교를 하기 시작했습니다.

"여보, 우리도 집을 새로 짓던지 리모델링해요. 외관이 낡았잖아요. 부엌도 최신식으로 고치고 싶어요."

이제까지 집에 아무런 불만이 없었던 남편은 아내의 말을 들은 척도 하지 않았습니다. 그러자 아내는 남편을 설득하기 위해 계속해서 비교를 했습니다.

"옆집은 모든 방에 마루를 깔아서 아주 근사해요. 우리 집 다다미방(짚으로 만든 사각 돗자리로 덮은 방)도 마루로 바꾸는 게 어때요?"

"옆집은 화장실이 아주 널찍해요. 우리 화장실은 너무 좁아서 불편해요."

"옆집은 제대로 된 차고도 있어요. 우리 차는 비가 오면 비를 맞잖아요."

아내는 이제까지 다다미방이나 화장실, 지붕 없는 차고에 대해 불만을 가진 적이 한 번도 없었습니다. 하지만 새로 지은 옆집과 비교하다 보니 자신의 집이 불만스러워진 것이지요. 결국 남과 비교하면서 자기 자신만 괴롭히는 셈입니다. '새 집을 갖고 싶다'는 생각에 사로잡히면 누구보다 자기 자신이 가장 괴롭습니다. 옆집은 옆집이고, 우리 집은 우리 집입니다. 비교를 해서는 안 됩니다.

집이나 자동차처럼 큰 것이 아니더라도 우리는 일상적으로 다른 사람과 자신을 비교하곤 합니다. 예를 들어 친구와 레스토랑에 가서 각자 다른 음식을 주문했습니다. 나온 음식을 보며 '아, 저게 더 맛있겠다. 내가 시킨 건 실패야'라고 비교합니다. 그렇게 생각하고 먹으면 실은 맛있는 음식도 맛이 없게 느껴집니다.

인간이란 늘 다른 누군가와 비교를 하고 싶어 합니다. 하지만 비교하는 마음은 곧 집착과 질투입니다. 집착과 질투는 사람의 눈을 흐리게 만들어 머지않아 다른 이의 행복을 기뻐하지 못하게 만듭니다.

'막망상莫妄想'이라는 선어는 우리에게 모든 것을 대립적으로 파악해서는 안 된다고 가르칩니다. A와 B 두 가지는 모두 절대적인 존재입니다. 절대적인 존재를 대립적으로 파악하는 것은 무의미한 일입니다. 주변을 둘러보는 것은 괜찮습니다. 하지만 주변과 자기 자신을 비교해서는 안 됩니다. 자기 눈앞에 있는 것은 절대적인 것이라고 생각해야 합니다.

당신의 인생은 당신만의 것입니다. 충분히 절대적이므로 자신의 인생을 소중히 여기며 열심히 살아가면 됩니다.

자신의 단점보다는
장점에
집중한다

사람은 곧잘 남들과 자신을 비교합니다. 자신에게 없는 것에만 눈길이 가는 것 같습니다. '만약 내가 좀 더 예뻤더라면 멋진 애인이 생겼을 텐데' '만약 좀 더 좋은 회사에 취직했더라면 동창회에 가서 폼 잡을 수 있었을 텐데'라며 분해하는 사람이 있습니다. 자신이 가진 것이 아니라 갖지 못한 것에만 초점을 맞추는 것이지요. 그것은 마치 없는 것을 내놓으라며 생떼를 쓰는 것과 같습니다.

그 상태가 계속되면 '나한테는 이것도 부족해, 저것도 부족해'라며 자기 자신을 비하하게 됩니다. 또 '저 사람은 좋겠다. 내가 원하는 것을 다 가졌어'라며 다른 사람을 부러워하게 됩니다. 예전에 이런 데이터를 본 적이 있습니다. 인간은 평생 자신이 가진 능력의 약 20~30퍼센트 정도밖에 사용하지 못한다는 것입니다. 즉 능력의 70퍼센트 이상은 평생 사용되지 못하는 셈이지요. 자신의 능력 중 70퍼센트 이상을 사용하지 못하는데, 자신에게 없는 것만 갈구하며 남을 부러워하는 것입니다. 그러지 말고 만약 지금 자신의 능력 중 25퍼센트를 사용하고 있다면 그것을 30퍼센트, 35퍼센트로 끌어올리는 것에 집중하십시오. 자기 안에 잠든 능력을 키워 가다 보면 분명 자신에게 없는 것 따위는 신경 쓰지 않게 될 것입니다.

그렇다면 자신의 능력을 어떻게 키워야 할까요? 사람은 저마다 적성이 있습니다. '나는 이 일을 좋아하고, 이 일을 하다 보면 시간 가는 줄 모르겠다' 하는 일이 있다면 그 일은 적성에 맞는 일입니다. 아무 생각 없이 집중한다는 것은 그것에 완전히 몰두해 하나가 된다는 것입니다. 그것이 무엇인지 찾아서 능력을 키워 나가십시오.

자신이 진짜 원하는 일이 무엇인지 알지 못한 채, 닥치는 대로 이것저것 자격증을 따는 사람도 있습니다. 하지만 그렇게 하면 모든 것이 어중간해지고 맙니다. 그보다는 무엇이 됐든 자신이 가장 잘할 수 있는 것 하나를 찾아서 철저하게 파고드는 편이 분명 더 좋은 결과로 이어질 것입니다.

'안심입명安心立命'이라는 선어가 있습니다. 이것은 마음을 어지럽히지 않고 자기 자신에게 주어진 삶을 완수한다는 의미입니다. 일단 '너무 좋아서 푹 빠질 수 있는 일'을 힌트로 삼아, 자신의 열정을 불태울 수 있는 일을 찾아보는 것이 어떨까요.

때로는
모호해도
괜찮다

예로부터 일본에서는 '800만 신神'을 믿어 왔습니다. 일본 고유의 민족 신앙인 '신도神道'는 모든 자연에 신이 깃들어 있다는 가르침을 전했습니다. 그에 따라 태양과 산, 갈라진 나무줄기 그리고 쌀알에까지 신이 존재한다고 믿었습니다. 이처럼 많은 신이 존재하는 종교를 '다신교'라 합니다.

'세상에 신은 단 하나뿐이다'라고 믿는 일신교一神敎와 달리 다신교에는 복수, 때로는 다수의 신이 존재합니다. 이것도 신, 저것도 신, 이렇듯 많은 신을 받아들이는 것이지요. 이처럼 '받아들임'이라는 신도의 정신이 밑바탕에 깔린 일본에 불교가 처음 전해졌을 때, 일본인은 신도와 불교가 어떻게 하면 잘 어우러질 수 있을까를 생각했습니다.

그렇게 해서 나타난 것이 본지수적설本地垂迹說입니다. 800만 신은 부처님의 화신化身이라는 뜻입니다. 즉 부처님께서 800만 신으로 모습을 바꾸어 나타나신 것이라는 의미입니다. 이렇듯 신의 모습을 한 부처님을 '곤겐사마'로 부르며 불교와 신도는 서로를 인정하고 함께 어우러져 왔습니다.

일본에는 진구지神宮寺라는 절이 있는데, 이곳은 신사神社에서 만든 절을 가리킵니다. 일본에서는 신도와 불교가 어우러져 독자의 문화를 쌓아 왔습니다. 따라서 일본 가정집에는 신을 모신 선반과 부처님을 모신 단이 함께 있는 경우가 드물지 않습니다.

일본에서는 '이것만이 신이다'라는 생각이 존재하지 않으며 몹시 모호하게 다양한 것을 받아들여 왔습니다. 흔히 '일본인의 태도는 모호하다'고 하는데 저는 그 모호함이 곧 관용의 표현이 아닐까 싶습니다.

해마다 12월이 되면 일본의 거리는 온통 크리스마스 분위기로 넘쳐 나는데 그것 역시 다양성을 받아들이는 분위기가 형성되어 있기 때문입니다. 아마도 기독교인 입장에서 보면 일본에서는 저렇게 성대하게 크리스마스를 축하하고 기독교 계통의 대학도 많은데 어째서 세례를 받는 사람은 적은지 의아할 것입니다. 그것은 일본인이 어느 종교, 어느 종파에 속해 있느냐를 중요하게 생각하지 않기 때문입니다. 그저 각자의 마음속에 '곤겐사마'가 있으면 된다고 생각합니다. 그것은 분명 모호하기는 하지만 관용적인 사고이기도 합니다.

보통 '모호함'이라는 말은 좋지 않은 의미로 쓰입니다. 하지만 분명하게 선을 긋지 않음으로써 서로 다른 두 가지가 화합하고 공존할 수 있는 것입니다. 모든 일, 모든 사람을 '좋다' 혹은 '싫다'는 범주에 넣지 않아도 됩니다. 중대한 이유가 있어서 또는 너무 싫어서라면 어쩔 수 없지만, 한번 '싫다'의 범주에 넣으면 그 일이나 그 사람과의 관계는 그것으로 끝나기 쉽습니다.

불교는 중용입니다. 왼쪽이냐 오른쪽이냐를 정하는 정도라면 쉽게 결정할 수 있겠지만, 어느 쪽을 결정하느냐에 따라 다른 한쪽과의 입장이 곤란해지는 경우라면 '그레이gray'로 판단해서 서로 상처 주지 않는 것이 좋습니다. 반드시 둘 중 하나로 결정해야 하는 일이 아니라면 군이 흑과 백으로 가르지 말고 '회색 영역 gray zone'으로 받아들입시다. 우리의 삶에 그러한 관용이 있어도 좋지 않을까요.

일본 라면이
세계적으로
성공한 진짜 이유

　　　　앞서 다신교 문화의 영향으로 일본인은 다른 종교를 관용의 자세로 받아들인다는 이야기를 했습니다. '받아들임'이라는 측면에서 일본인이 잘하는 것이 하나 더 있습니다. 그것은 새로 들어온 것을 일본인만의 필터로 걸러서 색깔을 바꾸는 것입니다.

　가까운 예로 라면을 들 수 있습니다. 중국의 면은 일본의 라면과는 전혀 다릅니다. 제 생각이지만 아마 처음에는 중국의 면이 그대로 일본에 전해졌을 것입니다. 그런데 당시 일본인이 그것을 자신들의 미각 필터로 한번 걸러서 일본화한 것이지요. 그렇기 때문에 중국에는 없는 라면이 일본에 자리 잡게 되었다고 생각합니다. 명란 파스타도 마찬가지입니다. 파스타는 이탈리아에서 처음 들어왔지만, 정작 이탈리아에는 명란젓을 이용한 파스타가 없습니다. 그런데 '파스타를 명란젓과 함께 먹으면 맛있지 않을까?'라고 생각한 어느 일본인이 '명란 파스타'를 탄생시켰고, 그것이 일본에서 큰 인기를 끌게 된 것이지요.

이처럼 일본인은 예로부터 새롭게 들어온 문화를 일본의 독자적인 필터로 걸러 내는 것에 뛰어난 민족이었습니다. 그렇기 때문에 독특한 일본 문화와 브랜드가 생겨난 것입니다. 또 일본에서 요리를 공부한 프랑스인 요리사가 자신의 본고장인 프랑스에서 상을 받기도 하고, 일본식 라면과 카레가 외국에서 큰 인기를 얻는 등 일본화된 것들이 전 세계에서 받아들여지고 있습니다. 그것은 일본인 특유의 섬세함과 센스 그리고 뛰어난 재주 때문이 아닌가 싶습니다.

늘 바른 자세로
느긋하게 행동한다

우선은
호흡부터
가지런히

　　　　　무언가 문제가 생겼을 때나 일에 쫓길 때면
호흡이 얕고 빨라지는 것이 느껴지지 않습니까?

　그럴 때면 자신의 몸으로 눈길을 돌리십시오. 혹시 구부정하게
새우등을 하고 있거나 상체가 움츠러들지 않았습니까? 그런 자세
로 가슴 언저리에서 얕은 호흡을 반복하다 보면 스트레스가 심해
져서 아무리 시간이 지나도 술렁이는 마음이 가라앉지 않습니다.

　"이렇게 마음이 술렁이니 호흡이 얕아지는 건 어쩔 수 없다"고

말하는 사람이 있을지 모르나 선에서는 조금 다르게 생각합니다. 우리의 몸은 호흡에 영향을 끼치고, 호흡은 마음에 영향을 끼칩니다. 즉 호흡을 가지런히 하면 저절로 마음까지 가지런해지는 것이지요. 이것을 '조신調身·조식調息·조심調心'이라 합니다. 몸이 가지런해지면 호흡이 가지런해지고, 호흡이 가지런해지면 마음이 가지런해진다는 의미입니다. 이것은 좌선의 기본이기도 합니다.

마음을 가지런히 하기 위해 먼저 해야 할 일은 몸(자세)을 가지런히 하는 것입니다. 기본적으로 제하단전臍下丹田, 즉 배꼽 아래로 7.5센티미터쯤 되는 곳에서 호흡을 합니다. 자세가 구부정하면 공기가 그곳까지 도달하지 못하고 폐만 사용해서 얕은 호흡을 하게 됩니다. 머리끝과 꼬리뼈를 의식하며 등줄기를 곧게 펴고 가슴을 쫙 펴서 등뼈가 S자가 되면 제하단전에서 호흡할 수 있습니다.

자세를 가지런히 한 다음에는 호흡을 가지런히 합니다. '호흡'이라는 글자는 숨을 내쉴 호呼 자와 숨을 들이마실 흡吸 자를 씁니다. 즉 들이마시는 쪽보다 내쉬는 쪽이 앞에 오지요. "심호흡을 합시다" 하면 대개 먼저 숨부터 들이마시는데, 일단 몸속의 숨을 다내쉬어야지 기분 좋게 들이마실 수 있습니다. 먼저 입을 살짝 벌리고 있는 힘껏 숨을 내쉬어 보십시오. 그렇게 하면 자연스럽게 숨을 들이마실 수 있습니다. 이것을 '결기일식缺氣一息'이라고 합니다. 이를 두세 번 반복하면 몸 안에 괴어 있던 공기와 나쁜 기운이 전부 빠져나가게 됩니다.

가늘고 길게 숨을 내쉬는 것에 집중하고, 다 내쉬었으면 자연의 흐름에 맡겨 숨을 들이마십니다. 익숙해지면 평소 안정된 상태에서 1분 동안 7~9회 정도로 호흡하던 횟수가 3~4회 정도로 줄어들 것입니다. 매우 안정되고 느긋한 호흡이 되는 것입니다. 그렇게 호흡을 반복하다 보면 마음까지 가지런해져서 기분이 온화해지고 차분해집니다. 호흡의 리듬은 몸에 맡겨도 상관없습니다. 각자 체격과 그때그때의 컨디션에 따라 몸이 가장 편하게 느끼는 리듬이 다르기 때문입니다.

단전 호흡을 할 때는 숨을 코로 내쉬고 코로 들이마시는데, 완전히 익숙해진 사람의 호흡을 보면 내쉬는 숨이 항상 일정합니다. 겨울 아침에는 내쉬는 숨이 하얗게 되지요. 보통 사람이 내쉬는 숨은 길어지거나 짧아지거나 혹은 중간에 끊어지기도 합니다. 반면 좌선에 익숙한 사람은 숨이 도달하는 길이가 거의 똑같습니다. 단전 호흡에 익숙해지면 의식하지 않아도 자연히 그렇게 되는 것이지요.

긴장해서 호흡이 얕아지면 혈관이 수축해서 혈류가 감소합니다. 반대로 호흡을 가지런히 하면 평소보다 혈류가 늘어납니다. 가령 학습 능력이 비슷한 A와 B가 있다고 합시다. 시험을 보는데 A는 긴장해서 호흡이 얕아져 혈류가 감소한 상태이고 B는 호흡을 가지런히 해서 마음이 차분한 상태입니다. 그렇다면 당연히 B가 더 좋은 결과를 낼 것입니다.

책에서 이와 관련한 실험을 본 적이 있습니다. 초등학생에게 간단한 덧셈과 뺄셈 문제를 1분간 풀게 한 후 그 정답률을 알아봤습니다. 이어서 초등학생을 의자에 앉히고, 의자 좌선을 통해 호흡을 고르게 한 후 계산 문제를 풀게 했습니다. 그러자 호흡을 고르게 하고 계산했을 때의 정답률이 더 높아졌다고 합니다.

스포츠도 만찬가지입니다. 투수와 타자가 실력이 동일하다면 호흡이 더 가지런한 쪽이 승리합니다. 그것은 올림픽에서도 마찬가지입니다. 호흡이 가지런해지면 본인이 지닌 모든 힘을 발휘할 수 있습니다.

선의 세계에서도 호흡을 가지런히 하는 것은 매우 중요한 수행입니다. 일상생활에서 마음이 술렁이거나 초조할 때는 그 마음을 숨과 함께 가만히 내쉬었다가 다시 신선한 공기로 몸을 가득 채우십시오.

하루에
단 5분이라도
마음을 텅 비운다

인간은 다음에 해야 할 일, 내일 해야 할 일, 장래에 해야 할 일에 얽매이기 쉽습니다. 그러면 마음속에서 '불안'이 슬며시 고개를 치켜듭니다. 그리고 어느 사이엔가 마음이 옴짝달싹 못하게 돼 삶의 중심축을 잃는 경우마저 있습니다. 그럴 때는 하루에 단 5분이라도 좋으니 아무것도 생각하지 말고 마음을 텅 비우는 시간을 가져 봅시다.

선승이 "마음을 비워라"라고 말하면 '무無의 경지를 말하는 건가? 어려울 것 같아. 나에게는 무리야'라고 생각할지 모르지만, 그렇게 어렵게 생각할 필요 없습니다. 왼쪽 귀로 어떤 생각이 흘러들어 오면 오른쪽 귀로 흘려보내면 되는 것입니다. 마음을 비우려고 할 때 뭔가가 희미하게 떠오르거나 들려도 그냥 그대로 내버려 두면 자연히 흘러가 버릴 것입니다. 오히려 '생각해서는 안돼. 머릿속에 떠오르는 것을 전부 지워 버려야 해'라고 생각할수록 이번에는 그 '생각해서는 안 돼'라는 사고에 얽매이게 됩니다.

이런 비유를 들 수 있습니다. 물속에 작은 돌을 획 하고 던지면 파문이 일지요. 그 파문을 막으려고 손을 대면 다시 새로운 잔물결이 생겨납니다. 그것을 막으려고 다시 손을 대면 파문은 끝없이 생겨납니다.

최초의 파문을 내버려 두면 머지않아 잔물결은 자연히 사라지고 다시 거울 같은 수면이 나타날 것입니다. 머릿속의 생각도 이와 같습니다. 억지로 생각을 지우려 하지 말고 그냥 몸에 맡기십시오. 몸은 몸이 제일 잘 알기 때문입니다.

머릿속을 비우려 해도 많은 생각이 떠오를 것입니다. 그것은 자연스러운 일입니다. 그럴 때는 억지로 부정하지 말고 그 생각들을 자연스럽게 머리 반대 방향으로 흘려보내면 됩니다. 머릿속에 아무것도 담아 두지 않으면 마음이 여유롭고 차분해집니다. 이것이 좌선의 기본입니다.

주위에 사로잡히지 말고 머릿속을 깨끗하게 비웁시다. 이것을 단시간이라도 계속하면 아무것에도 사로잡히지 않은 '나'라는 인간의 본질이 보일 것입니다. 이처럼 꾸준히 자기 자신을 응시하면 점차 마음이 안정되고 온화해집니다.

싫은 일에는
곧바로 반응하지
않는다

　　　　　　　회사에서 상사에게 불합리한 이유로 질책
을 당했다. 집에서 배우자와 의견 차이가 생겼다. 만원 전철에서
새로 산 신발을 밟혔다… 이렇게 짜증의 씨앗은 세상에 널리고
널렸습니다.

자신은 아무 잘못도 없는데 짜증이 난 사람에게 괜히 화풀이를
당하는 경우도 있습니다. 그럴 때 울컥해서 이내 불평하거나 반론
을 제기하는 사람도 많습니다. 하지만 분노라는 감정에 휩쓸려 이

내 맞받아치면 상대도 욱해서 더 거칠게 분노를 표출할 것입니다.

그럴 때는 '물속에 던진 작은 돌'을 떠올리십시오. 첫 번째 작은 돌 때문에 파문이 인 마음을 어떻게 다시 맑고 고요한 상태로 되돌릴 수 있을까요? 가는 말이 고와야 오는 말이 곱다는 속담이 있습니다. 화가 난다고 해서 이내 반응을 보이면 굳이 하지 않아도 될 말까지 하게 됩니다. 감정이 격해져서 발끈하는 것이지요.

화가 나는 일이 있어도 그것을 그대로 머리로 가져가서는 안 됩니다. 그럴 때는 단전 호흡을 해 보십시오. 단전 호흡을 하면 분노가 머리까지 올라가지 않고 배 쪽으로 내려가게 됩니다. 분노가 배로 내려간 시점에는 마음이 많이 가라앉을 것입니다. 이렇게 분노를 가라앉히면 쓸데없이 다른 사람과 마찰을 빚지 않게 됩니다. 당신이 맞받아치지 않으면 상대방도 더 이상 말할 수 없습니다. 수면의 잔물결은 그렇게 사라져 갑니다.

"머리로 생각해서는 안 됩니다."

큰절의 주지 소임을 맡은 이타바시 코슈板橋興宗 선사도 이렇게 말했습니다. 기분이 상하는 일이 있어도 그 감정은 배 속에 담아 두고 머리로 가져가서는 안 된다는 뜻입니다.

"화가 나는 일이 있더라도 단전 호흡을 하며 '고맙다, 고맙다,

고맙다'라고 세 번만 소리 내어 말하면 하려던 말도 분노도 모든 것이 안으로 쑥 들어가 버립니다."

선사는 이렇게 말했습니다. 저를 비롯해 많은 사람이 선사가 화내는 모습을 한 번도 본 적이 없습니다.

잠시 숨을 고르는 것만으로 분노와 스트레스 대신 평온한 마음을 얻을 수 있습니다.

사경과
사불로
집중력을 기른다

절에 가면 게시판에서 사경寫經과 사불寫佛에 대한 안내문을 볼 수 있습니다. 그런데 사경이라는 말을 들어 본 적은 있지만 정확히 무엇을 하는 것인지 모르는 사람이 많습니다. 사경이란 경전을 읽고 한 글자 한 글자 그대로 베껴 쓰는 것입니다. 옛날 인쇄 기술이 발달하지 못했던 시절에 부처님의 가르침을 널리 퍼뜨리거나 수행을 위해 행해졌습니다.

사경에는 몇 가지 방법이 있습니다. 흔히 초보자들이 하는 것이 『반야심경般若心經』 등의 경전을 쓴 견본 위에 백지를 펴 놓고 붓으로 덧쓰는 방법입니다. 오랜 시간을 들여서 한 글자 한 글자 정성껏 베껴 씁니다. 사불도 마찬가지입니다. 부처님의 모습이 그려진 종이 위에 새 종이를 깔고 그 위에 그립니다.

사경을 할 때 초조해하거나 '잘 써야지'라고 생각하면 마음이 산란해져서 오히려 글자가 더 지저분해집니다. 사경이란 마음이 평온해지지 않으면 할 수 없는 것입니다. 뒤집어 말하자면 사경을 하는 동안에 마음이 평온해지는 것이지요.

정식으로 사경을 하는 방법은 먼저 경전과 백지를 자신의 앞에 나란히 놓은 후 양 손바닥 사이에 붓을 놓고 합장을 합니다. 그리고 호흡을 가지런히 하며 마음이 차분해지기를 기다립니다. 서예가가 글자를 써 내려가기 전에 먼저 머릿속으로 글자를 그려 보는 것과 같습니다. 그리고 마음이 가지런해지면 사경을 시작합니다.

베껴 쓰면서 글자의 의미는 생각하지 않아도 됩니다. 거기에 무엇이 쓰였는지 생각하기보다 오로지 그 순간 자신이 쓰는 글자에만 집중합니다. '쓰는 것'과 자신을 일체화시켜서 쓰는 행위 그 자체가 되는 것입니다.

처음에는 '어째서 나는 휴일에 글자를 베껴 쓰고 있는 걸까. 이것이 과연 나에게 무슨 도움이 될까' 하는 의문이 솟아날지도 모릅니다. 하지만 선이란 곧 '행行'입니다. 사고방식이란 것은 철학에 가까운 것입니다. 그러나 선에서는 머리로 생각하기보다 행, 즉 행동으로 일상생활에서 실천해 나가는 것을 중시합니다. 즉 사고방식을 몸으로 체득하는 것이지요. '수행修行'이라는 말도 행實行을 수양修하기 때문에 수행인 것입니다. 그러니 의문이 떠올라도 머릿속에 담아 두지 말고 오로지 '쓰는 것'에만 집중하십시오. 그러면 글자를 쓰는 동안 점차 마음이 편안하고 온화해질 것입니다. 납득이 간다고 표현해도 좋을 것입니다.

'이렇게 사경을 하는 지금 이 시간이 몹시 귀하고 소중하다'는 것을 몸으로 실감하게 됩니다. 그리고 다 베껴 쓰고 나면 '해냈다'는 상쾌한 충실감이 온몸을 가득 채울 것입니다. 몸과 마음, 머리의 상태를 스스로 깨닫는 것이 중요합니다.

사경에 익숙해지면 경전과 백지를 겹쳐 놓고 쓰지 않고 촘촘한 모눈종이에 곧장 쓰기도 합니다. 사불도 마찬가지로 익숙해지면 견본을 밑에 깔고 그리는 것이 아니라 보면서 그릴 수 있게 됩니다. 견본 없이 자기 수련을 하는 것이지요. 제가 아는 한 노인은 친구가 저세상으로 떠나자 사경을 해서 공양했다고 합니다. 사경을 통해 자신의 마음을 정리하려는 의미가 있었을 것입니다.

잠들기 30분 전에는
아무 생각도
하지 않는다

예전에 한 의료기기 회사에서 '선불교식 잠의 도량'이라는 행사를 진행했습니다. 그때 제가 행사 기획에 참여했습니다. 저를 포함해 세 명이 잠을 잘 때 얼마나 숙면하는지를 데이터로 나타내 그것을 비교했습니다. 그 결과, 제가 가장 깊은 숙면을 취했습니다. 얼마나 깊이 잠들었는가를 나타내는 '숙면효율' 면에서 99퍼센트라는 숫자가 나왔습니다. 보통 사람들은 얕은 잠을 자거나 한밤중에 깨는 경우가 있다고 하는데, 저 같은 경우 6시간의 수면 중 거의 대부분 숙면을 취했다고 합니다.

저는 전날의 피로를 다음 날 아침까지 느끼는 경우가 거의 없어서 평소에도 잠을 잘 자는 편이라고 생각했습니다. 그런데 이 정도일 줄은 몰랐습니다. 결과를 보고 저 스스로도 놀랐습니다.

잠은 몇 시간을 자는지도 중요하지만 얼마나 깊게 자는지가 더 중요합니다. 예를 들어 7시간을 잤어도 그중 2~3시간밖에 숙면을 취하지 못했다면 깨어났을 때 피로가 남아 있을 것입니다. 반대로 겨우 10분 정도 낮잠을 잤을 뿐인데 몹시 개운한 때도 있지 않습니까? 그것은 짧지만 깊게 푹 자기 때문입니다.

깊은 잠을 자기 위해서는 우선 마음속에서 걱정거리를 제거해야 합니다. 그렇다고 잠을 자기 전에 모든 걱정거리를 해결하라는 말이 아닙니다. 걱정거리가 있어도 잠자기 직전에는 생각하지 말라는 것이지요.

요령은 잠자리에 들기 30분 전부터 아무 생각도 하지 않는 것입니다. 그러기 위한 가장 좋은 방법은 밤에 좌선을 하는 것입니다. 그 외에도 몸과 마음의 긴장을 풀 수 있는 것이라면 무엇이든 좋습니다. 평소 좋아하던 느린 템포의 곡을 듣거나 아로마 향을 피우거나 독서를 하는 것입니다. 이때 너무 자극적인 음악을 들거나 범인이 누구인지 알기 전까지는 쉬 잠들 수 없는 추리 소설을 읽는 것은 좋지 않습니다.

컴퓨터는 화면이 너무 밝고 눈부시며 한번 웹서핑을 시작하면 도중에 그만두기 어려우므로 잠자기 직전에는 하지 않는 것이 좋습니다. 느긋한 마음으로 시간이 지남에 따라 밝기가 점점 희미해지는 것을 찾아 30분 정도 하는 것이 좋습니다.

고민이 있어도 밤에는 생각하지 않도록 합시다. 그렇지 않아도 밤의 어둠은 걱정거리를 증폭시킵니다. 아침에 냉정히 생각해 보면 바로 해결책을 떠올릴 수 있는 일인데도 밤에 생각하면 엄청난 공포로 다가오곤 합니다. 저와 함께 실험에 참가했던 분 중 숙면을 취하지 못했던 한 분은 잠들기 전에 걱정거리를 생각했다고 합니다. 또 다른 한 분 역시 다음 날 아침 일찍 타야 하는 기차를 놓치면 안 된다는 생각에 얕은 잠을 자다가 여러 번 깼다고 합니다. '늦으면 안 돼, 늦으면 안 돼'라는 생각 때문에 깊은 잠을 이룰 수 없었던 것이지요. 이런 경우 알람시계를 여러 개 준비해서 아침에 반드시 일어날 수 있는 환경을 만들면 됩니다. '아침에 알람이 울렸을 때 일어나면 반드시 기차를 탈 수 있다'고 생각하면 아무 걱정 없이 편히 잠들 수 있습니다.

걱정거리는 고민한다고 해결되는 것이 아닙니다. 사전에 할 수 있는 모든 준비를 해 놓고 '이제 남은 건 그 일이 실제로 일어났을 때 해결하면 된다'고 마음먹어야 합니다. 물론 그것이 쉬운 일은 아니지만 잠들기 30분 전에 긴장을 풀고 점점 느긋해지는 시간을 갖는다면 숙면에 큰 도움이 될 것입니다.

매일 합장하며
자기 자신과
마주한다

예전에는 집마다 대부분 불단佛壇이 있어서 아침마다 향을 피우고 차를 올렸습니다. 그리고 그 앞에서 두 손 모아 합장하며 오늘 하루도 무사히 보낼 수 있기를 기도했습니다. 밤에는 무사했던 하루에 감사하는 마음으로 불단 앞에서 보고를 했습니다. 매일매일 감사의 마음을 확인할 수 있는 장소가 있다는 것은 매우 좋은 일입니다.

그런데 지금은 혼자 살거나 본가와 멀리 떨어진 곳에 가정을 꾸리는 경우가 많기 때문에 불단 앞에서 손을 모을 기회가 적어졌습니다. 날마다 합장할 수 있는 장소가 있다는 것은 마음을 의지할 곳이 있다는 것입니다. 아무리 마음이 어지러운 일이 있어도 불단 앞에서 두 손 모아 합장하면 있는 그대로의 자기 자신과 마주할 수 있습니다.

집에 불단이 없어서 마음을 의지할 곳이 사라지는 것은 유감스러운 일입니다. 그렇다고 해서 혼자 사는 원룸에 불단을 놓으라는 것은 아닙니다. 불단까지는 아니더라도 사물함이나 옷장 위에 합장을 할 수 있는 공간을 마련해서 매일매일 자기 자신과 마주하기 바랍니다.

그 공간에는 자신이 소중히 여기는 것을 놓습니다. 예를 들어절이나 신사의 부적, 멀리 사는 가족과 찍은 사진, 소중한 분에게받은 추억의 물건, 존경하는 사람이 쓴 글 등 뭐든지 좋습니다. 그것을 방의 가장 좋은 공간에 놓고, 두 손을 모아 합장하는 장소로 만들어 봅시다. 하루 일과를 마치고 집에 돌아왔을 때 그 앞에서 '오늘 하루도 무사히 잘 지냈습니다. 감사합니다'라고 감사의 인사를 하거나 '오늘은 이러이러한 일이 있었습니다'라고 보고하는 것이지요.

'합장'에는 의미가 있습니다. 왼손은 자기 자신 그리고 오른손은 부처님 또는 자기 자신 이외의 분을 나타냅니다. 그 양손을 하나로 모음으로써 마음을 하나로 만드는 것이지요. 그렇게 마음을 하나로 만든 상태에서 감사의 인사를 하거나 보고를 합니다.

그곳은 '본래 자신의 모습'으로 돌아가서 마음이 맑아지는 장소, 자신을 과시하지 않고 있는 그대로의 모습으로 머물 수 있는 장소입니다. 따라서 집에서 가장 깨끗이 관리하겠다는 마음으로 그곳만이라도 매일 청소를 합시다.

절에서도 본존불상(석가모니불상) 주변은 특히 더 정성껏 청소합니다. 이와 같이 '이곳만은 반드시 깨끗한 상태를 유지하겠다'는 장소가 있으면 그것이 점점 넓어져서 어느 사이엔가 집안 전체가 깨끗해지고 청량한 공기로 가득 차게 될 것입니다.

날마다 합장을 하면 자신의 마음과 행동에 '이건 뭔가 잘못됐어' 하는 부분을 이내 발견할 수 있습니다. 마음의 뒤틀림을 깨달을 수 있는 것이지요. 뒤틀림을 깨닫지 못해 궤도를 수정하지 않은 채 계속 지내다 보면 자신이 어긋난 길을 가고 있어도 눈치채지 못합니다. 하지만 날마다 자기 자신을 똑바로 직시하는 습관을 들이면 '뭔가 잘못됐어'라고 느꼈을 때 이내 궤도를 수정할 수 있습니다. 또 좋은 일이든 나쁜 일이든 그 장소에서 보고를 하다 보면 웬만한 일로는 마음이 흔들리지 않게 됩니다. 매일 솔직하게 자기 자신과 마주하면서 정신이 단련되었기 때문이지요.

폭음과 폭식을 막는
가장 좋은 방법,
감사

일본에서는 사찰음식을 '쇼진요리精進料理'
라고 합니다. 기본적으로 눈, 코, 입이 달린 식재료는 쓰지 않습니다. 선종 승려라면 누구나 경험하는 운수 수행 시절에는 특히 더 엄격하게 고기와 생선을 먹지 않습니다. 운수 생활을 마친 후에는 각자 판단에 따라 육식의 섭취 여부를 결정합니다. 저는 생선은 먹지만 고기는 거의 먹지 않습니다. 현재 저는 대학에서 교편을 잡기 때문에 학교 식당에서 밥을 먹을 때 고기반찬밖에 나오지 않으면 어쩔 수 없이 그것을 먹지만, 기본적으로 채소 위주로 먹습니다.

여기서 잠시 '운수' 수행 동안 승려가 하는 식사를 소개해 보겠습니다. 먼저 아침은 죽과 고수나물 조금입니다. 죽에는 깨소금을 살짝 뿌리는데, 깨소금은 깨와 소금을 일 대 일로 섞어서 불에 볶은 것을 갈아서 만듭니다. 점심은 밥과 된장국 그리고 고수나물 조금입니다. 특별한 날을 제외하고는 그 외의 반찬은 없습니다. 절에 따라 밥에 보리를 섞기도 합니다. 예전에는 보리가 저렴했기 때문인데, 보리는 비타민이 풍부해서 각기병에 걸리지 않게 해 준다고 합니다. 그래서 보리가 비싸진 현대에도 보리를 섞은 밥이 나오는 것이지요. 저녁은 점심과 똑같지만 반찬이 더 있습니다. 간모도키(두부 속에 다진 채소·다시마 등을 넣어 기름에 튀긴 것) 조림 두 조각입니다. 이것을 '별채別菜'라고 부릅니다. 또는 당근이나 삶은 무 두 조각이 나오기도 합니다. 그 정도입니다. 이처럼 운수 수행 중의 식사는 양이 매우 적습니다. 이런 식생활을 계속하다 보면 먹을 수 있다는 것에 감사함을 느끼게 됩니다. 머리가 아니라 몸으로 느끼게 되는 것이지요. 이것이야말로 가장 중요한 것입니다. 늘 당연하게 배불리 밥을 먹다 보면 먹지 못한다는 것이 얼마나 괴로운 일인지 알지 못합니다.

운수 수행은 자신이 하고 싶을 때까지 계속합니다. 1년간 하는 사람도 있고 5년, 10년간 하는 사람도 있습니다. 제가 만난 승려 중에는 20년이나 운수 수행을 하는 분도 있었습니다. '그렇게 오랫동안 이렇게 적은 양의 식사를 계속한단 말이야?'라고 생각하는 분이 있을지 모르겠습니다. 분명 처음 3개월은 미칠 듯이 배가 고픕니다. 수행을 시작한 지 보름 정도 지나면 대부분 영양실조나 각기병에 걸립니다. 하지만 3개월이 지나면 몸이 점차 익숙해져서 엄청나게 배가 고픈 느낌은 조금씩 사라집니다. 그렇게 되면 각기병이나 영양실조도 자연히 치료되지요. 제가 전문가는 아니지만, 제 생각에는 3개월 정도 지나면 몸이 익숙해져서 위장이 작아지는 것이 아닐까 싶습니다. 또 소화가 잘 안되는 음식은 일체 먹지 않기 때문에 탈이 나는 일도 없습니다.

그런 식사를 오랫동안 지속하면 머리가 맑아집니다. 흔히 '점심을 먹고 나면 졸음이 쏟아진다'고 하는데 그것은 배가 부르기 때문입니다. 배가 부르도록 먹지 않으면 잠이 오지 않습니다. 또 기력이 상승해서 끈기가 생깁니다.

운수 수행 중에는 지금까지 당연했던 것들을 철저히 제거한 생활을 합니다. 잠도 마찬가지입니다. 처음에는 극도로 긴장한 상태로 지내기 때문에 1시간 정도 잤을 뿐인데 '혹시 늦잠을 잔 게 아닐까' 하고 벌떡 일어나곤 합니다. 그러다 보면 편히 잠을 잘 수 있다는 것이 얼마나 감사한 일인지 깨닫게 되지요. 지금까지 당연하다고 생각했던 것들이 전부 사라지고 나서야 비로소 그것들에 대한 감사를 느낄 수 있습니다.

수행 중인 승려의 식사를 그대로 일반인에게 추천할 수는 없지만, 식사를 할 때는 배가 부를 때까지 먹지 말고 배의 8할만 채우는 것이 어떨까요? 그리고 가급적 채소를 많이 먹읍시다. 육류를 많이 먹으면 생각이나 행동이 거칠고 공격적이 됩니다. 프로레슬러나 복서들은 시합 전에 고기를 먹으며 전의를 고취시킨다고 합니다. 반대로 시합 전에 채식을 하면 공격적인 마음이 줄어든다고 합니다. 이러한 사실에서 알 수 있듯이 채소를 중심으로 한 식사를 하면 마음이 온화해집니다. 게다가 채소는 멜라닌 색소를 적게 함유해 꾸준히 섭취하면 피부가 희고 투명해지며 윤기가 흐릅니다. 체취도 줄어들지요. 그렇게 생각하면 사찰음식은 여성에게 딱 맞는 식사가 아닐까요.

죽 역시 오래전부터 불교에서 '십덕+德'이 있다고 여기는 음식입니다. 죽을 먹으면 좋은 점이 열 가지라는 의미입니다.

하나. 안색과 혈색을 좋게 한다.

둘. 체력을 키운다.

셋. 수명을 늘린다.

넷. 몸을 편안하게 해 준다.

다섯. 머리가 맑아지고, 언변이 좋아진다.

여섯. 숙변이 제거되고, 속쓰림이 없다.

일곱. 감기에 걸리지 않는다.

여덟. 공복감을 없앤다.

아홉. 갈증을 없앤다.

열. 대소변을 잘 보게 한다.

이처럼 공덕이 많은 죽의 힘을 부디 여러분도 느껴 보기를 바랍니다.

밥을 먹을 때는
밥만
먹는다

바쁘게 돌아가는 세상입니다. 때로는 밥 먹을 시간조차 없을 정도지요. 아침은 신문을 읽으면서 먹고, 점심은 오후 회의 자료를 읽거나 스마트폰을 들여다보면서 그리고 저녁은 텔레비전을 보면서 먹습니다. 이렇게 식사하는 사람이 많지요?

지금 눈앞에 있는 밥을 먹는 것은 건강하게 살기 위해서입니다. 따라서 감사한 마음으로 먹어야 합니다. 이토록 소중한 음식을 먹을 때는 다른 일을 하지 말고 오직 먹는 것에만 집중하십시오.

절에서는 식사 전에 '오관게五觀偈'라는 것을 읊습니다. '게偈'란 부처님의 공덕이나 가르침을 찬탄하는 노래 글귀를 말합니다. 오관게는 다음과 같습니다.

이 음식이 어디에서 왔는가.
내 덕행으로 받기가 부끄럽네.
마음의 온갖 욕심을 버리고
육신을 지탱하는 약으로 알아
도道를 이루고자 이제 먹노라.

이것의 의미는 다음과 같습니다.

이 음식이 준비되기까지 많은 수고가 있었음을 생각하며 감사히 먹겠습니다.
내가 이 음식을 먹을 자격이 있는지 반성하며 조용히 먹겠습니다.
탐욕과 어리석음을 버릴 것을 맹세합니다.
몸에 좋은 약을 먹듯 먹겠습니다.
도업을 이루고자 이 공양을 받겠습니다.

승려들은 식사 전에 이 오관게를 읊은 후 그릇을 이마까지 들어 올렸다가 식사를 시작합니다. 오관게에서 알 수 있듯이 식사란 그저 배를 채우기 위한 것이 아닙니다. 먹는 것도 수행의 하나입니다. 일반 가정에서도 이 오관게를 종이에 적어 식탁 앞에 붙여 두면 마음을 다잡을 수 있을 것입니다.

　다른 일을 하면서 먹지 말고, 지금 여기서 식사를 할 수 있는 것에 감사하며 "잘 먹겠습니다"라고 인사하고 식사하십시오.

되도록
직접 요리해
먹는다

야근 등으로 귀가 시간이 늦어지면 '오늘 저녁은 어떻게 하지?' 고민합니다. 냉장고에 재료가 있지만 너무 지쳐서 요리하는 것이 귀찮습니다. 그럴 때 보통 편의점에 들러 도시락이나 인스턴트 음식을 사 먹거나 패밀리 레스토랑에서 밥을 사 먹습니다.

사람이기 때문에 지쳐서 요리하고 싶지 않은 날도 있겠지요. 가끔이라면 그런 식사도 괜찮습니다. 하지만 일상적으로 인스턴트 음식이나 패밀리 레스토랑 요리를 먹으면 균형 잡힌 식사를 할 수 없고 돈도 많이 들 것입니다. 어쩌면 요리할 시간을 가질 수 있도록 생활을 재정비할 때가 온 것인지 모릅니다.

제가 운수 생활을 했던 절에서는 승려들 대부분이 반찬을 직접 만들었습니다. 도원道元 선사가 쓴 『전좌교훈典座教訓』과 『부죽반법赴粥飯法』이라는 책을 보면 요리에 관한 내용이 상세히 적혀 있습니다.

예를 들어 식재료를 낭비해서는 안 된다는 것. 무를 먹는다면 무의 몸통뿐만 아니라 껍질, 꼬리 부분, 이파리까지 남김없이 사용해야 한다고 설명합니다. 따라서 무 조림을 만든다면 무 껍질은 채 썰어서 함께 넣고, 이파리는 절임을 만들거나 된장국에 넣습니다. 그런 생활을 하다 보면 채소는 버릴 데가 거의 없다는 것에 놀라게 됩니다.

또 가격에 따라 식재료를 다르게 취급해서는 안 된다고 당부합니다. "이건 고가의 재료니까 정성껏 다뤄야 해" 혹은 "이건 싼 거니까 아무렇게나 써 버려" 하면 안 되는 것이지요.

조미료는 소금, 간장, 된장, 술, 맛술 등 전통 조미료만으로 충분히 다양하고 풍부한 메뉴를 만들 수 있습니다. 맛국물 역시 작은 분말 형태로 나온 제품을 쓰지 않고도 말린 표고버섯과 다시마만 있으면 간단하게 우려낼 수 있습니다.

　의욕이 앞선 나머지 채소를 너무 많이 사면 한꺼번에 다 사용할 수 없습니다. 일단 무를 하나 사서 이파리부터 꼬리 부분까지 전부 사용하는 것부터 시작해 봅시다.

일주일에 한 번은
사찰음식을
만들어 먹는다

　　　　　일본 사찰음식인 '쇼진요리'는 원래 시주로
받은 채소와 잡곡, 콩 등으로 만든 요리였습니다. 승려들은 고기
와 생선을 먹지 않는 대신 대두와 잡곡 등으로 단백질을 섭취했
으며 채소를 통해 비타민을 섭취했습니다. 쇼진요리는 영양을 균
형 있게 섭취할 수 있는 요리인 것이지요. 수행하는 승려들은 식
사 양이 극히 적지만, 일반인이라면 배를 8할 정도만 채우면 좋
습니다. 지금은 식사가 서구화되면서 매일 같이 고기를 먹는 사

람이 많아졌습니다. 또 비닐하우스에서 키운 제철이 아닌 채소와 동남아에서 수입한 과일도 손쉽게 구할 수 있습니다. 그런 탓에 식탁에서 점점 계절감이 사라지고 있습니다.

하지만 역시 우리 몸에 가장 좋은 것은 자신이 사는 지역에서 자란 제철 재료로 만든 음식입니다. 매일 육식을 하면 투쟁심이 솟아나서 사소한 일에도 쉽게 짜증을 내는 것 같습니다. 그래서 제가 제안하고 싶은 것은 일주일에 한 번은 사찰음식에서 쓰는 재료로 음식을 만들어 먹는 것입니다.

밥은 백미에 보리나 잡곡을 섞어서 짓습니다. 이때 전기밥솥이 아니라 질흙을 구워 만든 냄비로 밥을 지으면 더욱 맛있습니다. 반찬은 간단한 사찰음식을 만들어도 좋고, 채소를 단순히 찌거나 구워 먹어도 그 본연의 맛을 느낄 수 있어서 좋습니다. 된장국에는 무 이파리나 두부를 넣으면 양이 풍성해집니다. 전부 소화가 잘되는 재료들이어서 식사 후에도 몸이 가뿐할 것입니다. 배가 부를 때까지 먹지 않으면 오후에 졸음이 쏟아지는 일도 없으며 기분 좋게 하루를 보낼 수 있습니다.

평소 먹는 음식이 우리의 몸과 마음을 만듭니다. 일주일에 한 번이라고 했지만 일주일에 두 번, 세 번으로 채소 위주의 식사를 늘리면 마음이 온화해지고 몸에도 부담이 적어질 것입니다.

물론 어제까지 고기와 생선을 먹었는데 오늘부터 갑자기 채식을 하는 것은 어려울 것입니다. '일단 채식이 몸과 마음에 어떤 변화를 불러일으키는지 보자'라는 마음으로 일주일에 한 번 정도 시도해 보면 어떨까요.

휴일에는
시계 없이
생활한다

지금이 몇 시인지 알고 싶을 때 사람들 대부분은 시계를 쳐다봅니다. 최근에는 손목시계가 아닌 휴대 전화로 확인하는 사람도 많아졌습니다.

절에서는 기본적으로 시간마다 해야 할 일이 정해져 있습니다. 아침 수행, 점심 식사, 취침 등 세세하게 그날의 일과가 정해져 있지요. 하지만 절에는 시계가 없습니다. 물론 회의실 등 외부 사람들도 자주 이용하는 방에는 벽시계를 걸어 두지만 그 외의 장소에는 시계가 없습니다.

그렇다면 승려들은 시간을 어떻게 아는 것일까요? 그날의 당번이 종이나 북 등을 쳐서 알려 줍니다. 그 소리가 온 절에 울려 퍼지면 "아, 시간이 됐구나"라며 지금 하는 일을 마무리 짓고 다음 작업을 시작합니다.

시계를 보지 않는 생활은 시간을 더욱 효율적으로 쓸 수 있게 해 줍니다. 시계를 보면서 작업을 하면 어쩔 수 없이 시계와 시간에 얽매이게 되기 때문입니다.

"벌써 시간이 이렇게 됐어. 아직 이것밖에 하지 못했는데."

"앞으로 10분 있으면 다음 작업으로 넘어가야 해. 서둘러야 해."

이런 식의 생각은 시간에 얽매였다는 증거입니다. 지나간 시간이나 다음 작업을 지나치게 의식하면, 지금 하는 일과 하나가 될 수 없습니다.

시계를 보든 안 보든 시간이 흘러가는 속도는 똑같습니다. 다만 주어진 시간을 온전히 지금 하는 작업에 다 쓸 것이냐, 초조해하며 산만하게 보낼 것이냐 그 차이입니다. 시계를 흘끔거리며 일하면 시간에 얽매이게 됩니다. 그리고 '빨리 다음 일을 해야 해'라는 생각에 초조해져서 지금 해야 하는 일이 무엇인지 선명하게 보이지 않게 되지요. 그러면 주어진 시간을 온전히 쓸 수 없게 됩니다.

절에서는 시간을 알리는 종이 울리면 그때까지 집중하던 작업을 마무리하고 다음에 이어서 할 수 있도록 표시해 놓습니다. 하지만 남은 작업 양이 5분만 더 하면 끝낼 수 있을 정도라면 5분만 더 시간을 연장해 그 작업을 계속하고 대신 다음 작업 시간을 5분 정도 줄입니다. 그렇게 하지 않으면 다음번에 그 남은 5분의 작업을 끝내기 위해 준비 시간까지 포함해서 약 15분을 쓰게 되기 때문입니다.

이렇게 하는 것은 규칙에 얽매이기보다 시간을 남김없이 다 사용하기 위해서입니다. 선에서는 이것을 '유연심柔軟心'이라고 합니다. 유연한 마음으로 시간을 최대한 활용해서 남김없이 쓴다면 당신은 더욱 밀도 높은 시간을 보낼 수 있습니다.

가까운 곳에서
소소한 순례를
즐기다

시코쿠四國에 있는 홍법弘法 대사의 유적지 88곳을 순례하는 여행. 꼭 한번 해 보고 싶지만, 막상 시코쿠까지 가는 것만으로도 시간이 많이 소요됩니다. 긴 휴가가 있다면 좋겠지만 직장과 가정이 있는 사람에게는 좀처럼 힘든 일입니다. 그럴 때 가까운 곳의 관음상을 돌며 작은 여행을 떠나 보는 것이 어떨까요.

관동 지역은 지치부秩父에 34개와 반도坂東에 33개, 관서 지역은 사이코쿠西國에 관음영장觀音靈場이 33개 있습니다. 모두 합치면 100개이며 이를 '일본백관음日本百觀音'이라 합니다. 전부 돌면 일본을 대표하는 관음상 100개를 순례하는 것이지요. 순례하면 '고슈인御朱印'으로 불리는 절 고유의 붉은색 도장을 받을 수 있습니다. 처음부터 관음상 100개를 다 돌아보는 것은 힘든 일입니다. 우선 자신의 집에서 가까운 관음상부터 돌아보는 것이 좋습니다.

'오늘은 당일치기로 세 군데를 돌아보자' 정도의 가벼운 마음으로 가 보는 것입니다. 만약 도중에 시간이 부족하면 '이번 절이 너무 훌륭해서 순식간에 시간이 가 버렸네. 두 군데밖에 돌지 못했지만 다음에 또 오면 되지' 하는 느긋한 마음으로 행동합니다. 어디까지나 취미로 가는 것이니까요.

이런 작은 여행을 떠날 때 너무 의욕에 넘쳐서 '좋았어. 사전에 준비를 철저히 해서 주변의 명소들을 전부 돌아보고 와야지. 간 김에 맛집 사이트에서 평이 좋은 식당도 가고 선물도 사 와야겠다'며 꼼꼼하게 조사하는 사람도 있습니다.

하지만 저는 굳이 미리 준비하지 않고 가 보기를 추천합니다. 지금은 가이드북이나 인터넷으로 많은 정보를 구할 수 있지만 예비지식 없이 절을 돌다 보면 '아, 이 절은 이런 분위기구나' 하는 것을 몸소 느낄 수 있습니다. 미리 그 절에서 볼 만한 것들을 조사해 가면 '이 절은 정원이 아름답다'는 사실을 이미 알기 때문에 실제로 봤을 때 감동이 줄어들기 마련입니다. 게다가 그 절에 도착했을 때 '다음에 가 볼 절은 대나무 숲이 근사하다'는 정보가 먼저 떠올라 그 절을 보는 것과 하나가 될 수 없습니다.

사전 조사에 너무 열을 올리기보다는 '이 절에 갔더니 뜻밖에 정원이 너무나 아름다워서 할 말을 잃을 정도였다'라든지 '법당으로 향하는 길에 대나무 숲의 잎사귀들이 사그락사그락 하는 소리가 들려와서 매우 기분 좋았다'라는 식으로 그곳에 가서 직접 느껴야 감동이 더욱 커집니다. 또 '여기서는 어떤 풍경과 만나게 될까?' 하는 기대감이 증가할 것입니다.

자신이 간 장소를 인터넷에 올리는 것이 목적인 사람도 있습니다. 사진을 찍고 "지금 ○○에 왔어요!"라고 페이스북에 올립니다. 그러고 나면 이번에는 그 사진에 대한 반응이 궁금해서 흘끔흘끔 스마트폰을 보게 되지요. 모처럼 그곳까지 갔는데 그곳을 충분히 만끽하지 못하는 것입니다.

무슨 일이든 자신의 몸으로 직접 느껴야 합니다. 선에서는 그 시간과 하나가 되어 자신의 몸으로 체득하는 것을 중시합니다.

그 시간의 '주인공'이 되는 것이지요. 그곳에서 그 시간을 충분히 맛본 후 좀 더 깊게 알고 싶은 것이 생겼다면, 그때는 집에 돌아가서 조사해 보는 것도 좋습니다. 몸소 느끼고 난 후에 조사하면 흥미가 솟아날 것입니다.

식사를 하거나 쉴 때도 '여기에 가야 해. 저기에서 기념품을 사야 해'라며 인터넷에서 모은 정보에 휘둘리기보다 '이 절 앞에 이렇게 작고 근사한 차를 파는 가게가 있었네. 한번 들어가 볼까?'라며 현지에서의 우연한 만남을 즐기면 마음에 여유가 생겨날 것입니다.

만약 전철을 타고 가는 것이 힘들다면 가고자 하는 절 근처의 관광협회 등에 문의해 보는 것도 하나의 방법입니다. 가까운 절에서 관광객도 참여할 수 있는 행사를 열지도 모릅니다.

'관음상을 순례하다가 뜻밖에 근사한 정원이 펼쳐져 있어 감동했고, 그 후에 우연히 차를 파는 가게에 들어갔는데 주인과 대화를 나눴던 일이 인상 깊었다.' 이런 식으로 그때그때의 우연한 만남을 즐기는 것이 작은 여행의 묘미가 아닐까요.

가이드북 없이
여행지를
걸어 다닌다

저는 강연 등으로 여러 곳에 다닐 기회가 자주 있는데, 스케줄이 꽉 찼을 때를 제외하고는 가급적 방문한 고장을 걸어 다니려고 합니다. 일부러 차를 타지 않고 그 고장 사람들 속에 섞여서 걸어 보는 것이지요. 그렇게 하면 그 고장의 속도 같은 것을 느낄 수 있습니다. 지역에 따라 사람들이 걷는 속도가 완전히 다릅니다.

재미있는 것은 같은 도쿄東京라 해도 지역에 따라 걷는 속도에

차이가 있다는 점입니다. 예를 들어 시부야澁谷에서는 모두 빠른 속도로 걷습니다. 아마도 '저곳에 가야 해'라는 목적이 명확하기 때문일 것입니다. 그런데 긴자銀座에 가면 순식간에 걸음의 속도가 느려집니다. 모두 윈도우 쇼핑을 하거나 산책을 즐기는 모습이지요. 이것 역시 걷다 보면 알게 되는 것인데, 골목의 너비도 그 지역의 사정에 맞게 가장 편한 너비로 만들어져 있습니다. 교토京都의 골목은 직선이 아니라 기역 자로 꺾인 경우가 많고, 그 안쪽의 가로로 길게 연결된 다세대 주택에서는 비단실 3줄로 연결된 일본의 전통 현악기인 샤미센三味線을 연습하는 소리가 들려오곤 합니다. 그럴 때 '아아, 교토에 왔구나!' 하고 실감하게 되지요.

인터넷이나 가이드북을 보면 '꼭 가 봐야 할 명소' '인기 스폿'을 간단히 알 수 있습니다. 하지만 그런 정보만 따라다니다 보면 골목골목에서 엿볼 수 있는 그 고장 사람들의 실생활이나 그 순간 거기에서밖에 볼 수 없는 작은 자연의 변화 등을 놓치는 경우가 많습니다. 가이드북에만 너무 의존하지 말고 여행지를 걸어다니며 그 순간에만 만날 수 있는 일들을 즐기십시오. 가끔은 그런 여행을 해도 좋지 않을까요.

매일 청소하며
자기 자신을 닦는다

충동구매 직전,
스스로에게
꼭 물어야 할 것

지금은 외국에서 생산된 옷이나 잡화, 소모품이 수입돼 국내에서도 싸게 구입할 수 있습니다. 잡지에서는 '이것을 스스로에게 선물하는 것이 어떨까요?'라는 문구와 함께 신상품을 소개합니다. 가까운 가게에서 구하지 못하는 물건도 컴퓨터로 클릭 한번이면 전국 어디에서든 배달 받을 수 있습니다. 전후戰後 일본은 모든 것이 부족한 나라였지만 지금은 매우 풍족하며 믿을 수 없을 만큼 간단히 물건을 손에 넣을 수 있습니다.

그러다 보니 '쇼핑 의존증'이라는 말이 생겨났습니다. 아무리 갖고 싶은 것을 손에 많이 넣어도 '더 갖고 싶어. 더 사고 싶어'라는 마음이 솟아나서 계속 물건을 사는 것이지요. 누구에게나 충동구매로 샀으나 한 번도 입지 않은 옷, 당시에는 너무 갖고 싶었지만 막상 사고 보니 시들해진 잡화가 몇 개쯤 있을 것입니다.

이것은 매우 알기 쉬운 '마음 대사증후군' 증상입니다. 마음 대사증후군이란 곧 집착을 의미합니다. 한번 집착의 세계에 빠지면 매우 갖고 싶었던 것을 손에 넣어도 만족하지 못합니다. 계속해서 새로운 것이 갖고 싶고, 그것을 손에 넣으면 다시 새로운 것이 갖고 싶고…. 그렇게 끝도 없이 갖고 싶은 것들이 나타나지요. 세탁기처럼 빙글빙글 돌며 빠져나올 수 없는 '집착의 소용돌이' 혹은 '욕망의 소용돌이'에 빠지고 마는 것입니다.

한번 이 소용돌이에 빠지면 물건을 아무리 많이 사도 물욕이 사라지지 않아 마음이 피폐해지고, 소중한 돈은 계속 줄어듭니다. 게다가 더욱 문제인 것은 자신이 집착의 소용돌이에 빠졌다는 것조차 인지하지 못하는 사람이 많다는 점입니다.

집착의 소용돌이는 내가 남보다 못하다고 느끼는 마음 그리고 남들이 가진 것을 부러워하는 마음에서 기인합니다. 또 기업들은 물건을 팔기 위해 갖가지 수를 써서 사람들을 교묘히 공략합니다. 각 브랜드는 계절마다 신상품을 내놓고 인터넷 쇼핑몰에 광고를 잔뜩 실어서 소비자의 마음을 유혹합니다. 사고 싶은 마음이 생기도록 부추기는 것이지요.

중요한 것은 너무나 갖고 싶은 매력적인 물건이 눈앞에 있더라도 '필요한 것은 필요하고, 필요 없는 것은 필요 없다'고 스스로 판단할 수 있느냐 하는 것입니다. 그런 판단을 할 수 있으려면 먼저 심호흡을 한 후 '갖고 싶다'는 마음에서 한 걸음 물러서서 자기 자신에게 질문을 던져야 합니다.

'이것이 정말 필요한가?'

'지금 당장 필요한가?'

'언젠가 사용하고 싶은 것이라면 굳이 지금 사지 않아도 되지 않나?'

자기 자신에게 이렇게 물으면 대부분 지금 당장 필요한 것은 아니고 '있으면 좋을 것 같다' '있으면 편리할 것 같다' 정도의 마음입니다. 그래도 그 상품이 마음에 걸린다면 일단 메모를 하고, 꼭 필요해지면 그때 사도 늦지 않습니다. 충동구매를 해서 결국 쓰지 않고 집에 쌓아 두는 것보다는 그렇게 하는 편이 훨씬 낫습니다.

부처님께서 열반하시기 직전에 설법하신 내용을 훗날 제자들이 경전으로 엮은 것이 『유교경遺教經』입니다. 이 경전에는 앞서 언급한 '지족知足'이라는 말이 나옵니다. '충분함을 알다'라는 의미인데 이것에 대해 잠시 설명하겠습니다.

지족을 아는 자는 땅바닥에 누워 지낼지라도 안락할 것이며
지족을 모르는 자는 천상에 있을지라도 안락하지 못할 것이다.
지족을 모르는 자는 부유해도 가난할 것이며
(중략)
이것을 지족이라 부른다.

만족할 줄 아는 사람은 지금 여기에 있다는 것에 안락함을 느낄 수 있지만 만족할 줄 모르는 사람, 즉 욕심이 많은 사람은 아무리 부유한 삶을 살아도 불만족스러울 것이라는 의미입니다. 즉 집착의 소용돌이, 욕망의 소용돌이를 표현하는 글귀지요.

지금 내가 가진 것으로 정말 부족한가. 혹시 집착의 소용돌이에 빠져 휘둘리는 것이 아닌가. 충동구매를 할 것 같으면 가만히 심호흡을 한 후 자기 자신에게 이렇게 물어보십시오.

사람은
빈손으로 태어나
빈손으로 떠난다

집착의 소용돌이에 대해 한 가지 더 말씀드리겠습니다. 선어 중에 '본래무일물本来無一物'이라는 것이 있습니다. 인간은 이 세상에 태어날 때 아무것도 갖지 않은 채 태어납니다. 그리고 다시 여행을 떠날 때도 무엇 하나 가져갈 수 없지요. 이것을 설명하는 말입니다

생각해 보면 저세상으로 떠날 때 모든 것을 이 세상에 남겨 두는 것은 당연한 일입니다. 하지만 우리는 지금 가진 것에 집착하

며 더 많은 것을 원합니다. 새 가방을 갖고 싶다, 유행하는 옷을 사고 싶다, 새 차를 사고 싶다, 내 집을 갖고 싶다… 이렇듯 인간의 욕망은 끝이 없습니다.

손에 넣은 것이 사실은 자신에게 필요 없는 경우도 있습니다. 하지만 집착이 생기면 한번 손에 넣은 것을 쉽사리 놓지 못합니다.

"비싸게 주고 산 것이니까."

"조금만 살을 빼면 입을 수 있는 옷이니까."

"언젠가 쓸지도 모르니까."

필요 없는 것을 샀다는 잘못을 인정하지 않고, 스스로에게 이런 변명을 늘어놓으며 전부 끌어안고 가려고 합니다.

그럴 때는 앞서 말한 '본래무일물'이라는 말을 떠올려 보십시오. 그리고 나서 '본래무일물중무진장本來無一物中無盡藏'이라는 선어를 생각하십시오. 이것은 '인간은 본래 아무것도 갖고 있지 않지만, 무엇에도 집착하지 않는 마음 안에 무한한 가능성이 있다'는 가르침입니다. 예를 들어 지금 자신이 소유한 것을 전부 잃는다 해도 갓 태어났을 때의 상태로 돌아가는 것일 뿐입니다. 언제든 다시 시작할 수 있습니다. 가진 것에 집착하기 때문에 잃는 것이 두려운 것입니다. 하지만 우리는 언제든지 맨몸으로 다시 시작할 수 있습니다.

　물론 자신이 열심히 쌓아 올린 것을 잃는다는 것은 괴로운 일입니다. 하지만 집착에서 벗어난 마음 안에 무한한 가능성이 있습니다. 그 가능성을 믿고 새로운 한 걸음을 내디디십시오.

매일매일
청소를 통해
음덕을 쌓는다

어느 회사나 시설에 가서 첫 번째 문을 통과한 순간 '와, 여기는 좋은 공기로 가득 차 있구나'라고 느낀 적이 있지 않습니까? 반대로 '여기는 숨도 못 쉴 만큼 탁한 공기가 정체돼 있구나'라고 느낀 적도 있을 것입니다.

그 공기의 차이는 그 회사나 시설의 청소 상태로 결정된다고 생각합니다. 늘 구석구석 깨끗이 쓸고 닦는 곳은 청량한 공기가 감돕니다. 반대로 청소를 소홀히 하는 곳은 먼지투성이에 어딘가

어둡고 무거운 공기가 느껴지지요. 전자의 회사는 분명 청소에 대한 의식이 사원들 사이에 두루 퍼져 조금만 더러워져도 금방 누군가 청소를 할 것입니다. 반면 후자의 회사는 지저분한 것이 있어도 '다른 사람이 치우겠지'라며 아무도 손을 대지 않을 것입니다.

청소를 전담하는 업체를 둔 회사인데도 정체된 공기가 느껴지는 곳이 있습니다. 날씨가 쾌청한데도 우산꽂이에 우산이 한가득 꽂혀 있거나 입구에 우편물이 잔뜩 쌓여 있으면, 그것들이 공기를 정체시킵니다. 그 탓에 사원들 사이에는 '청소는 내가 할 일이 아니야. 내 일이 아닌 건 하고 싶지 않아'라는 분위기가 조성된 것입니다.

청소라는 것은 '자, 보세요. 청소를 했어요'라는 마음으로 하는 것이 아닙니다. 청소를 해야 한다는 것을 납득하고, 스스로의 기분을 좋게 하기 위해 하는 것입니다. 남들이 꼭 봐 줘야 하는 것이 아닙니다. 그렇게 남들에게 잘 보이지 않는 부분을 묵묵히 청소하다 보면 그러한 일을 통해 음덕을 쌓을 수 있습니다.

음덕이란 남들에게 알려지지 않게 하는 덕행입니다. 몇 년 전 크리스마스 날 어느 아동상담소에 '다테 나오토'라는 만화 주인공 이름으로 책가방이 배달된 일을 예로 들 수 있습니다. 자신의 정체를 숨기고 고아원에 기부를 한 만화 주인공과 같은 행동을 한 것이지요. 그 후로 전국적으로 자신의 신분을 드러내지 않고 기부하는 운동이 확산되었습니다. 일본에서는 이 같은 일을 만화책 제목을 따서 '타이거 마스크 운동'으로 불렀습니다. 그때 처음으로 스스로를 '다테 나오토'로 칭한 사람의 행동은 틀림없는 음덕입니다. 기부를 할 때 "나는 이만큼 기부했으니 이름을 크게 써 주세요"라고 요청한다면, 그 기부는 음덕이 아닙니다. 그것은 '자아自我'입니다. "약소하지만 이 돈을 써 주세요"라고 말하며 이름을 밝히지 않는 것. 기부를 함으로써 자신이 행복해졌으니 그 외의 것은 바라지 않는 것. 그런 숭고한 행위야말로 진정한 음덕입니다.

그런 마음을 키우는 데는 청소가 안성맞춤이라고 생각합니다. 만약 회사에 지저분한 것이 있으면 '왜 내가 치워야 하지?'가 아니라 음덕을 쌓는다는 마음으로 청소를 합시다. 청소 후의 행복감을 알게 되면 실은 청소가 '해 주는 것'이 아니라 '할 수 있는 기회를 얻는 것'임을 알게 됩니다. 당신이 쌓은 음덕은 어느 사이엔가 겉으로 배어 나와 당신과 마찬가지로 많은 음덕을 쌓은 훌륭한 분들이 주위에 모여들게 할 것입니다.

해야 할 일에
얽매이지 말고
눈앞의 일에 집중한다

현대인에게는 처리해야 할 일들이 산더미처럼 쌓여 있습니다. 눈이 핑핑 돌 정도로 빠르게 흘러가는 일상에서 "이것도 해야 해, 저것도 해야 해. 아아, 시간이 너무 부족해"라며 해야 할 일에 얽매여서 한 발자국도 내딛지 못하는 분들이 있으리라 생각합니다.

머릿속에서 '이걸 해야 해'라는 생각이 맴돌면 산더미같이 많은 일이 더욱 커져 버립니다. '지금 해야 할 일이 뭐지?' 하고 당장 해야 할 일 하나에만 집중하면 되는데 '이렇게 많은 일을 해야 해'라고 생각하면 의욕이 사라집니다. 가령 아무리 맛있는 음식이어도 그릇에 잔뜩 담아 전부 먹으라고 하면 좀 꺼려질 것입니다. 더군다나 별로 좋아하지 않는 음식이라면 더더욱 그렇겠지요. '먹어야 해'라고 마음먹어도 좀처럼 손을 댈 수 없을 것입니다.

'이 일을 해야만 해'라는 생각에 얽매이면 구체적으로 어떤 것부터 처리해야 좋을지 알 수 없게 됩니다. 일의 전체 양에 압도돼 우선적으로 해야 하는 작고 구체적인 일이 보이지 않게 되는 것이지요. 집안일이나 다른 일을 동시에 처리해야 하는 경우도 있겠지만, 가능한 한 눈앞에 있는 일 하나에 집중하십시오. 그리고 그 일 하나가 마무리될 때까지 다른 일은 생각하지 말고 단숨에 처리한 후에 다음 일로 넘어갑니다.

지금 하는 일이 마무리될 때까지 참지 못하고 이것저것에 손을 대다 보면 물리적으로 수습이 되지 않습니다. 무엇보다 '이걸 해야 해, 저것도 해야 해'라는 생각이 커지면서 마음이 따라가지 못하게 됩니다.

조금 전에 예로 든 요리 이야기로 돌아가겠습니다. 이번에는 그릇 하나에 가득 담은 요리들을 작은 접시에 나눈 후 여러분에게 먹으라고 권합니다. 그러면 어떨까요? 이 작은 접시에 담긴 요리 말고도 많은 요리가 남았다는 사실을 알지만, 지금은 이 작은 접시에 담긴 요리만 먹으면 되는 것입니다.

매일 눈앞에 있는 작은 접시 하나에만 집중하면 자신은 매일 적당한 양을 먹는다고 생각할 것입니다. 하지만 처음 그릇 하나에 잔뜩 담은 그 많은 음식은 양이 점점 줄어들겠지요. 그러다가 문득 정신을 차리고 보면 "우와, 벌써 이렇게 많이 먹었네"라고 할 만큼 양이 줄어들 것입니다.

일과 집안일도 마찬가지입니다. "이것도 해야 하고, 저것도 해야 해"라며 초조해하면 점점 더 괴로워질 뿐입니다. 산더미같이 쌓인 일에 압도돼 한 발자국도 내딛지 못하게 되는 것이지요.

'해야 하는 일'은 머릿속에서 만들어 낸 것으로 실제로 해야 하는 일과 별개의 것입니다. 그런 실체도 없는 것을 두려워하지 말고 눈앞에 있는 하나의 일, 작은 접시에 담긴 요리에만 집중하면 어느 사이엔가 일은 끝나 있을 것입니다.

만약 해야 할 일이 A에서 Z까지 있다면 그 일의 규모나 양에 벌벌 떨지 말고 일단 A에 전력을 다합니다. 그리고 A가 끝난 후에는 B에 전력을 다합니다. 그렇게 하다 보면 어느새 절반 정도는 끝나 있을 것입니다.

일을 하는 시간은 제한돼 있습니다. 그러므로 제한된 시간 안에서 최대한 정신을 모으고 하나의 일에만 집중해야 합니다. 그렇게 하면 마치 계단을 한 걸음 한 걸음 오르듯 당신의 뒤에는 결과가 뒤따를 것입니다.

생활 속에
계절을
받아들인다

　　헤이안 시대(794~1185) 귀족들은 '신덴즈쿠리'로 불리는 건축 양식으로 지은 집에서 살았습니다. 이것은 건물을 지을 때 기둥과 대들보, 도리만으로 짓는 것입니다. 이러한 건축물에는 벽이 없습니다. 대신 덧문으로 불리는, 아래에서 위로 들어 올리는 방식의 문을 창으로 설치했습니다. 즉 기둥과 기둥 사이는 뻥 뚫린 셈이지요. 이때부터 건물과 바깥과의 관계성이 깊었음을 알 수 있습니다.

그 시절의 장식은 기품이 있었습니다. 한마디로 표현하면 세련되고 품위 있는 아름다움입니다. 벚꽃 색을 표현하기 위해 빨간색 천에 비침이 있는 흰색 천을 겹치는 식으로 멋을 즐기는 시대였습니다.

하지만 가마쿠라 시대(1185~1333)에 들어서면서 무사들이 세력을 잡자 가치관도 함께 변화했습니다. 무사 계급이 지지했던 선종이 건축 양식에까지 영향을 끼친 것이지요. 여분의 장식이나 가구를 전부 없애고 기둥과 대들보로 만든 공간 그 자체에서 아름다움을 추구했습니다. 책상도 붙박이로 만들어 건물과 일체화했습니다. 이것이 일본 무사 계급의 주거 양식입니다. 책상을 붙박이로 만들면서 소재의 아름다움이나 공간 그 자체의 아름다움을 더욱 추구하게 되었지요.

그런 일본의 건축 공간에서 무엇보다 중요시되었던 것은 바깥에 있는 계절을 실내로 들이는 것이었습니다. 건물 안에서든 밖에서든 계절을 똑같이 느끼도록 하는 것이 건축의 가장 중요한 테마였습니다. 봄에는 봄 그 자체를 건물 안까지 들이는 것이 가장 아름답고 가치 있는 것이었지요. 그래서 병풍에는 꽃놀이 풍경을 그렸고, 밥상은 벚꽃 문양으로 칠공예를 했습니다. 그릇도 봄을 만끽할 수 있는 것을 쓰고 거기에 제철 음식을 담았습니다. 또 그 공간에서 생활하는 사람들은 옷에도 봄을 느끼게 하는 무늬를 새겼습니다. 이러한 활동들을 통해 생활 공간 그 자체에서 온통 봄을 느끼게 했지요.

계절을 받아들이기 위해서는 생활 공간에 쓸데없는 장식이 없는 것이 좋습니다. 따라서 당시 건물은 가능한 한 간소화했습니다. 이것이 '공空의 공간'으로 불리는 것입니다. 계절을 불문하고 공간 그 자체가 심플하고 아름답습니다. 서양에서는 바깥 풍경을 집안으로 들이기 위해 '픽처 프레임picture frame'으로 불리는 것을 만들었습니다. 처마의 선과 바닥 또는 창·문짝 상부를 가로지르는 석재와 바닥 그리고 기둥으로 사각 틀을 만들어 정원을 바라볼 수 있게 했습니다. 그렇게 하면 계절감 넘치는 정원이 마치 한 폭의 그림처럼 그대로 집안까지 들어오는 것이지요.

이처럼 일본인은 생활과 계절을 일체화하는 것이 고귀한 일임을 1,000년 이상의 역사 속에서 발견하고 받아들였습니다. 그렇다고 해서 현재 우리의 생활 속에 있는 모든 일용품에 계절감을 살리는 것은 어려운 일입니다. 하지만 어떻게 궁리하느냐에 따라 계절감 넘치는 생활을 할 수도 있습니다.

그러기 위해서는 여분의 것을 제거한 '공의 공간'을 만들어야
합니다. 먼저 뺄셈으로 시작해 보는 것이 어떨까요. 너무 많은 물
건으로 넘쳐 나는 방에서는 계절감을 느낄 수 없기 때문입니다.

도구 타령은 그만,
지금 바로
시작한다

'지금 이 순간을 소중히 여기며 살아가고 싶다' '매일 청소해서 깨끗한 공간에서 살고 싶다'는 생활 밀착형 바람에서부터 '지금은 취미로 과자를 만들지만 언젠가 내 가게를 차리고 싶다'는 미래의 꿈까지, 앞을 향해 인생을 걸어가기 위해서는 희망이 필요합니다.

그 희망을 불교에서는 '발심發心'이라고 합니다. 그것은 어떤 일을 시작하기 위해 마음을 내는 것, 열심히 하겠다고 강하게 생각하는 것입니다. 요즘 사람들 말로 표현하면 '모티베이션(동기 부여)' 정도가 될 것입니다.

하지만 마음속에 꿈을 품었다고 해서 누구나 그 꿈을 위해 걸음을 내딛을 수 있는 것은 아닙니다. 꿈과 목표를 갖는 것은 마음만으로 할 수 있지만, 그 꿈을 위해 발걸음을 내딛기 위해서는 행동이 따라야 하기 때문입니다.

꿈을 행동으로 옮기지 못하는 사람은 그 이유를 외적 요인으로 돌리며 변명을 늘어놓습니다.

"아이가 어지르니까 청소를 해 봤자 소용이 없어."

"가게를 차리고 싶은데 돈이 없어서 포기해야 해."

하지만 이것이 정말 걸음을 내딛지 못할 만한 이유일까요? 아이 때문에 청소를 못 한다면 아이에게 청소를 가르쳐서 함께하면 될 것이고, 정말 가게를 차리고 싶다면 일을 해서 자금을 모으거나 정부 보조금 같은 것을 알아볼 수 있습니다.

꿈과 목표를 향해 걸어가지 못하는 것은 본인의 능력이나 환경, 다른 사람 탓이 아닙니다. 자기 자신이 아무것도 하지 않기 때문에 계속 같은 자리에 머무르는 것입니다.

'직심시도장直心是道場'이라는 말이 있습니다. 마음이 있으면 그

곳이 어디든 수행의 장이라는 뜻입니다. '직심'이란 있는 그대로의 마음을 가리킵니다. 자신의 마음이 그렇게 하기로 정하면 설사 조건이 갖춰지지 않더라도 이룰 수 있습니다. 진짜 중요한 것은 '이 일을 해내겠다'는 마음입니다.

예전보다 경제적으로 풍족해진 일본에서는 뭔가를 시작할 때 먼저 도구부터 갖추려고 합니다. 밥을 해 먹기로 마음먹으면 일단 냄비와 프라이팬 세트를 구입합니다. 그림을 그리고 싶으면 프로들이 사용하는 고급 연필 세트부터 구입합니다.

하지만 하고자 하는 마음만 있다면 굳이 그런 도구를 다 갖출 필요가 없습니다. 냄비는 만능 냄비 하나면 되고, 그림은 종이와 연필만 있으면 뭐든 그려 볼 수 있습니다.

'보보시도장步步是道場'이라는 말이 있습니다. 걸어 다니는 모든 곳이 수행의 장이라는 뜻입니다. 보통 수행은 조용한 수도원이나 절에서 해야 한다는 선입견을 갖기 쉽습니다만, 그렇지 않습니다.

"이게 없어, 저것도 없어"라며 없는 것만 찾지 말고 지금 자신이 가진 것으로 시선을 돌리십시오. '연필이 있으니까 그림을 그려야지' '프라이팬 하나로 할 수 있는 요리를 전부 마스터해야지'라는 식으로 생각하면 자신이 내딛어야 하는 첫걸음이 보일 것입니다.

청소를 하며
마음도
닦는다

선사에서는 매일 아침 그리고 특별한 일이 있을 때마다 청소를 합니다. 절 안을 깨끗이 쓸고, 수행승들이 일렬로 쭉 늘어서서 물걸레질을 합니다. 본당의 불상 주변은 특별히 더 정성껏 먼지 한 톨 없이 깨끗이 닦습니다.

청소를 하루에도 몇 번씩 철저히 하기 때문에 먼지나 쓰레기는 거의 없습니다. 그럼에도 수행승들은 정성껏 청소를 합니다. 청소는 꼭 더러워서 하는 것이 아닙니다. 청소란 자신의 마음을 닦기 위한 것입니다. 당나라 때 백장百丈 선사는 청소를 좌선과 마찬가지로 중요한 수행으로 삼았습니다. 수행승들은 '자신의 마음을 닦듯이 마루를 닦아라' 하는 가르침을 받고 그것을 실행했다고 합니다.

'마음을 닦는다'고 하면 선에 대해 생각하며 청소하는 것이라 생각할지 모르나 실은 그렇지 않습니다. 복도를 닦을 때는 복도를 닦는 것에만, 정원을 쓸 때는 정원을 쓰는 것에만 집중합니다. 수행승들은 지금 자신이 하는 청소에 몰두해서 쓸고 닦는 행위 그 자체가 되는 것이지요.

'왜 매일 이런 청소를 해야 하는 거지?' 만약 이렇게 생각하며 청소한다면 청소는 영원히 고역일 수밖에 없습니다. 처음에는 갖가지 생각이 머릿속에 떠오를 것입니다. 하지만 그래도 묵묵히 손을 움직이다 보면 어느 사이엔가 자신이 청소 그 자체가 되는 순간이 올 것입니다. 그때 청소는 마음을 닦는 수행이 됩니다.

누구나 싫어하는 청소도 있습니다. 화장실 청소가 좋은 예이지요. 하지만 일본 사찰에서는 화장실을 동사東司로 부르며 중요한 장소로 여깁니다. 화장실의 신으로 불리는 '우스사마묘'를 비롯해 동사에서 깨달음을 얻은 분들도 적지 않습니다.

아무런 잡념 없이 바지런히 움직이던 손을 문득 멈추고 자신이 닦은 마루를 바라보면 '아아, 기분 좋아'라며 상쾌한 기분을 느낄 수 있습니다. 그것은 당신의 마음이 빛나고 있기 때문입니다.

청소가 끝난 후의 공간은 청량한 공기로 가득 찹니다. 바싹 조이는 듯한, 자신도 모르게 등줄기를 쫙 펴고 싶어지는 그런 감각이지요.

물론 직장 업무와 가사일로 바쁜 분이라면 하루에 몇 번씩 철저하게 청소하는 것은 힘든 일입니다. 그런 경우에는 아침마다 화장실만이라도 청소하는 습관을 들이면 어떨까요. 날마다 청소한 후의 그 상쾌한 공기를 맛본다면 마음속에 응어리진 것이 개운하게 풀릴 것입니다. 그리고 어느 사이엔가 잘 닦인 자신의 마음을 깨닫게 될 것입니다.

기분 좋은 시작을 위해
작업 공간은
매일 정리한다

당신이 매일 일하는 곳은 어디입니까? 회사에 다니는 사람이라면 회사 책상, 자택에서 일하는 사람이라면 집안의 업무 공간, 바느질을 자주 하는 사람이라면 재봉틀 앞, 이렇게 각자에게 정해진 위치가 있을 것입니다. 자, 하루 일과가 끝난 후 그 자리는 어떤 상태인가요? 사용한 것을 모두 원래 자리로 돌려놓고 깔끔하게 정돈한 상태라면 문제될 것이 없습니다. 하지만 정리 정돈을 싫어해서 사용한 물건을 그대로 놓아두는 사람도 있습니다. 책상에 서류들이 펼쳐져 있어서 남이 보기에는 책상 주인이 아직 회사에 있는 것 같은데 본인은 한참 전에 퇴근한 경우도 있습니다.

"나는 지금 이 상태로도 괜찮습니다. 자료를 꺼내 두는 쪽이 내일 아침에 바로 일을 시작할 수 있어서 좋아요."

이렇게 말할 수도 있으나 업무를 효율적으로 처리하기 위해서는 먼저 책상 위가 잘 정돈돼 있어야 합니다. 어수선하고 어지러운 책상 위나 작업 공간에서는 자료를 펼치려 해도 펼칠 수 없거나 원하는 물건을 찾을 수 없어서 자신도 모르게 짜증의 씨앗이 뿌려집니다.

책상 상태는 그 주인의 마음과 연결돼 있다고 생각합니다. 책상 위가 잘 정돈된 사람은 깔끔하게 정돈된 머리로 일할 수 있으며, 책상 위가 난잡한 사람은 머릿속도 어수선해서 하나의 일에 집중할 수 없습니다.

그렇다면 이렇게 생각해 봅시다. 보통 책상 위가 어지러운 사람은 하루 일과를 마친 후 '뒷정리를 해야 해'라고 생각하기 때문에 정리를 못하는 것입니다. 그러니 '뒷정리'가 아니라 '내일도 기분 좋게 일을 시작할 수 있도록 책상 위를 리셋해 두자'고 생각하면 어떨까요. 이렇게 하면 책상 위와 동시에 마음까지 리셋할 수 있습니다.

업무가 끝난 상태 그대로 책상을 방치해 두면 일을 끝냈다는 개운한 기분을 맛볼 수 없습니다. 그런데 리셋을 하는 것은 '이것으로 오늘의 업무는 끝이야. 돌아가서 가족과 함께 시간을 보내야지'라며 지금 이 순간을 소중히 하는 마음으로 이어집니다.

그리고 다음 날 회사에 오면 깨끗한 책상이 당신을 맞이할 것입니다. '일일신우일신日日新又日新'이라는 선어가 있습니다. 날마다 새로운 하루하루라는 의미입니다.

전날 책상을 리셋해 두는 것만으로 다음 날 아침에 새로운 하루가 시작되었음을 실감할 수 있습니다.

현관을 가장 먼저
청소해야 하는
이유

일본에 선종이 널리 퍼진 시기는 가마쿠라 시대(1185~1333)입니다. 앞서 말했듯이 선종은 당시 건축 양식에도 큰 영향을 끼쳤습니다. 대표적인 것이 책상 등을 붙박이로 만든 방입니다. 이 같은 양식은 이 시대에 처음 나타났습니다. 그러나 오늘날 일반 가정에서는 찾아볼 수 없지요. 또 하나, 이 시대에 처음 나타난 양식이 있는데 이 양식은 현대에도 중요한 의미를 갖습니다. 그것은 바로 '현관'입니다.

이 시대에는 다인茶人, 가인歌人, 화가, 전통 가면극 배우 등 다양한 사람들이 절을 찾았습니다. 당시의 절은 문화 살롱 또는 문화 학교 같은 역할도 했기 때문에 선종은 엄청난 기세로 번성했습니다.

그리고 주지는 자신의 방에 친분이 있는 사람들을 초대해 문화를 교류했습니다. 주지의 방이 있는 건물을 '방장方丈'으로 불렀는데, 그 건물에 처음 등장한 것이 바로 현관입니다.

현관玄關이라는 말의 어원은 '현묘玄妙하게 들어가는 관문關門'입니다. '현묘하다'는 것은 심오하고 정취가 뛰어나다는 의미입니다. 다시 말해서 현관이란 선 수행으로 들어가기 위한 관문인 것입니다. 그때까지는 건물에 현관이라는 것이 따로 없었으며 정원에서 계단을 오르면 바로 건물 안으로 들어갈 수 있었습니다. 하지만 현관이 생김으로써 건물 안으로 들어가기 전, 옷매무새와 마음가짐을 바로 하고 들어가는 관문이 생긴 것입니다. 무사들은 이러한 현관을 자신들의 집에 도입했고, 시간이 흐르면서 일반 가정에까지 전해진 것이지요. 지금은 가정마다 현관이 있지만, 현관의 뜻을 아는 분은 그리 많지 않을 것 같습니다.

현관은 잡다한 물건들을 놓고 싶어지는 공간이기 때문에 어수선해지기 십상입니다. 하지만 현관은 그곳에 사는 사람의 '얼굴'이 드러나는 공간입니다. 현관문을 열었을 때 산뜻한 공기가 흐르면 그것만으로도 기분이 전환됩니다.

자, 당신 집의 현관은 어떤 상태인가요? 혹시 우산꽂이에 가족 수보다 많은 우산을 마구 꽂지 않았나요? 신발을 아무렇게나 벗어 놓지 않았나요? 택배 상자를 배달 받은 그대로 두지 않았나요? 평소 잘 신지 않는 신발을 꺼내 두지 않았나요?

현관은 자신의 취미와 교양이 드러나는 장소이기도 합니다. 예를 들어 좋아하는 그림이나 소중한 장식품을 놓을 수 있습니다. 손님을 맞이할 때 그 사람이 좋아하는 꽃을 한 송이 두거나 계절에 어울리는 무늬의 접시를 둠으로써 자연을 느끼게 하는 것도 훌륭한 방법입니다. 사찰에서는 현관에 길고 가느다란 향을 하나 피워 둡니다. 손님이 지나가면 향이 은은하게 퍼지지요. 또 작은 접시에 소금을 원뿔 모양으로 담아 공기를 정화시키기도 합니다. 여름에 물을 뿌리는 것 역시 공기를 정화시키는 효과가 있습니다.

신발과 우산을 사용한 후에 현관에 그대로 방치하면 현관은 점점 난잡해질 것입니다. 신발을 정리하는 데 드는 시간은 고작 몇 초밖에 되지 않습니다. 정리하고 나면 기분이 한결 상쾌해질 것입니다.

　집안을 청소할 때 평소 가장 오랜 시간 머무는 거실이나 침실에서부터 시작하는 경우가 많습니다. 하지만 조금 전에도 말했듯이 현관이란 현묘하게 들어가는 관문입니다. 현관을 철저하게 청소하면 그곳을 지나갈 때마다 자신의 기분마저 새로워질 것입니다.

아침 5분 청소로
하루를
쾌적하게

하루를 기분 좋게 시작하기 위해서는 역시 아침 시간을 어떻게 보내느냐가 중요합니다. 아침 시간을 충실히 활용하면 이제 막 시작된 하루를 좋은 방향으로 전개시킬 수 있습니다. 제가 추천하고 싶은 것은 아침 청소입니다.

"아침에는 항상 시간이 부족해서 청소는 무리예요."

아마 이런 대답이 들려올 것 같은데요. 물론 맞는 말입니다. 아침에 마음의 여유가 없으면 청소를 할 수 없습니다. 따라서 마음의 여유가 있는 아침 시간을 보낸다면 그날 하루 종일 여유를 가지고 보낼 수 있습니다. 아침에 눈을 떴을 때 "늦었어!"로 시작하면 시간에 쫓겨 물건을 깜빡 두고 나가거나 발을 접질리거나 합니다. "늦잠 잤어, 지각이야!"라며 하루를 시작하면 그것을 만회하려다가 오히려 행동이 답보 상태에 빠져 결국 "오늘은 정말 재수 없는 하루였어"로 끝나기 일쑤입니다.

마음의 여유란 우리가 생각하는 것 이상으로 중요합니다. 그러니 우선 아침에 여유를 갖는 것부터 시작합시다. 아침을 하루 중 가장 중요한 시간으로 의식하고, 무리가 없는 범위에서 일찍 자고 일찍 일어나십시오. 그런데 아침에 일어나서 시계를 보는 대신 바로 텔레비전부터 켜는 사람이 많은 것 같습니다. 물론 화면 구석에 표시된 시계를 보면 편리합니다. 하지만 시계와 뉴스를 흘끔흘끔 보면서 "벌써 시간이 이렇게 됐네. 회사에 갈 준비를 해야지"라며 준비하는 것은 '지금 이 순간'을 사는 것이 아닙니다.

아침에 일어나서 바로 텔레비전을 켜는 것은 좋지 않은 습관입니다. 그렇게 하지 말고, 아침에 일어나면 가장 먼저 창문을 열어 방 안을 신선한 공기로 채웁시다. 그러고 나서 단 5분이어도 좋고 10분이어도 좋으니 청소를 하는 것입니다

'일소제이신심—掃除二信心'이라는 선어가 있습니다. 이 말은 우

선은 청소, 믿음은 청소가 끝난 다음의 일이라는 의미입니다. 먼지를 털어 내고, 깨끗하게 닦고, 공기를 맑게 하면 마음이 정돈됩니다. 그러면 자연히 믿음도 생겨납니다.

'고작 5분에서 10분 동안 청소해 봤자 방이 깨끗해질 리 없어. 좀 더 제대로 시간을 내서 청소해야지.'

혹시 이렇게 생각하지 않습니까? 이것은 선입관입니다. 실제로 아주 짧은 시간이어도 청소에 전념하면 놀랄 만큼 깨끗해집니다. 월요일에는 현관, 화요일에는 화장실, 수요일에는 부엌, 이런 식으로 청소할 부분을 정해 놓으면 아침에 아무 고민 없이 바로 움직일 수 있습니다.

'겨우 5분 동안에 할 수 있는 일은 없다'고 생각하는 사람은 분명 5분을 활용할 생각을 해 본 적이 없을 것입니다. 텔레비전을 보다 보면 5분은 순식간에 지나갑니다. 하지만 묵묵히 청소를 해 보면 5분이 갖는 가능성을 알게 됩니다.

아침 청소 후 상쾌한 기분으로 하루를 시작한다면 틀림없이 평소보다 좋은 성과를 거둘 것입니다.

당신의 방이
곧 당신의
마음이다

　　　　　방을 깨끗이 정돈하자고 하면 이렇게 반론하는 사람이 있습니다. "방이 어지러워도 다른 사람에게 피해를 주지 않으니 상관없지 않나요?" 앞에서도 말했듯이 본인은 아무에게도 피해를 주지 않는다고 생각하지만, 실은 딱 한 명에게 피해를 주고 있습니다. 그것은 다름 아닌 바로 자기 자신입니다. 어지러운 방은 자기 자신에게 악영향을 끼칩니다.

　방은 당신의 마음 상태를 비추는 거울과도 같습니다. 깔끔하게 정돈된 방에 사는 사람은 정신 상태도 잘 정돈돼 있으며 자신이 하고 싶은 일, 해야 하는 일이 무엇인지 잘 압니다.

반대로 옷이나 잡지, 생활 잡화 등으로 발 디딜 틈 없는 방에 사는 사람은 항상 뭔가에 쫓기듯 초조하고 불안해서 일에 집중할 수 없을 것입니다. 어쩌면 그런 마음 상태가 방을 지저분하게 만드는 것인지도 모릅니다. 회사에서 받은 스트레스로 집에 돌아와서도 아무런 의욕이 없을 때는 방을 어지르기 쉽습니다.

하지만 그런 방에서 계속 지내다 보면 이번에는 그 방 자체가 스트레스가 됩니다. 회사에서 받은 스트레스의 원인이 사라져도 이제는 지저분한 자신의 방이 스트레스가 되어 다시 의욕이 사라집니다. 그러면 "정리하는 건 귀찮아. 요리하는 것도 귀찮아"라며 게으른 생활을 하게 됩니다. 악순환의 소용돌이에 빠져드는 것이지요.

사람은 입고 있는 옷이나 주위 환경에 따라 행동거지가 달라집니다. 예를 들어 절의 법당에 있을 때와 정장을 입고 파티장에 있을 때 그리고 여름휴가로 고향집에 와 있을 때, 아마 자세에서부터 움직임까지 모든 것이 바뀔 것입니다.

그와 마찬가지로 깔끔하게 정돈된 공간에 있으면 자기 자신을 통제하고자 하는 마음이 강해집니다. 따라서 조금만 지저분해져도 바로 청소를 하는 등 몸을 가볍게 움직일 수 있습니다. 자기 안에 일정한 규칙과 리듬이 있기 때문에 게으른 생활 습관이 붙지 않습니다. 취침 시간이 되면 바로 잘 수 있고, 아침에도 정해진 시간에 일어날 수 있습니다.

반대로 어지러운 방에 사는 사람은 방이 지저분해져도 '이 정도면 됐어'라는 생각에 청소를 뒤로 미루게 됩니다. 그리고 그것이 쌓이고 쌓여 결국에는 수습할 수 없는 상태가 되지요. 그런 사람은 자기 자신을 통제하지 못하기 때문에 시간을 효율적으로 활용하지 못합니다. 인터넷 검색이나 게임에 자신의 생각보다 많은 시간을 소비하는 탓에 아침에도 간신히 일어납니다.

정돈된 공간은 그 사람의 행동을 완성시키고, 어지럽혀진 공간은 그 사람의 행동을 진전 없이 만들어 버립니다. 저는 기본적으로 인간은 게으름뱅이라고 생각합니다. 그렇기 때문에 한번 몸이 편한 쪽으로 흘러가기 시작하면 바로잡기가 힘듭니다. 그것을 멈추기 위해 먼저 해야 할 일은 주거 공간을 깨끗이 하는 것입니다. 자신의 주변을 정돈하는 것은 자신의 생활을 통제하는 것과 밀접한 관련이 있습니다.

3년간 쓰지 않은
물건은
버리거나 리폼한다

앞서 공간을 깨끗이 하는 것의 중요성에 대해 이야기했습니다만 막상 손을 대려고 하면 망설여지지 않나요?

'물건이 이렇게 많은데 이 중에 버릴 것이 하나도 없어!'

이것이 현대인의 고민이 아닐까 싶습니다. 일단 물건을 소유하고 나면 집착이 생깁니다. 지금은 사용하지 않지만 언젠가 사용할지도 모른다. 비싼 물건이니까 버릴 수 없다….

인간은 '본래무일물本來無一物'입니다. 빈손으로 태어나서 빈손으로 떠나는 것이지요. 그렇다면 애착 가는 정든 물건 몇 개만 남기고 나머지는 다 놓아야 합니다. 그래야 인생이라는 시간을 정말 소중한 것에 쓸 수 있습니다.

선에서 무엇보다 중시하는 것은 '지금'이라는 시간입니다. 지금 이 순간을 있는 힘껏 살아가기 위해서는 '즉결·즉단'이 필요합니다. 따라서 '놓아야겠다'고 결심한 순간 바로 무엇을 손에서 놓아 버릴지 정하십시오.

제가 자주 말하는 기준은 3년입니다. 3년간 사용하지 않았던 것, 3년간 입지 않았던 옷은 앞으로도 사용하지 않을 가능성이 높습니다. 만약 다른 누군가에게 필요할 것 같다면 그에게 필요하냐고 물어보거나 재활용품점에 보냅시다.

또는 버리기 전에 '미타테'를 해 보는 것도 좋습니다. 미타테란 다도에서 탄생한 정신으로 어떤 사물을 본래의 용도와 다른 관점으로 보는 것을 뜻합니다. 예를 들어 사찰의 정원 '고산수故山水'는 물을 이용하지 않고 흰 모래와 돌로 산수를 표현합니다. 이것이 바로 미타테입니다.

미타테에 의해 생명이 다한 것에 다른 생명을 불어넣을 수 있습니다. 예를 들어 닳아서 더 이상 쓸 수 없는 맷돌로 정원의 징검돌을 만든다든지 절에서 손 씻는 물은 담는 용기인 '수수발手水鉢'을 만드는 것입니다. 이처럼 일본에서는 옛날부터 미타테를 많이 해 왔습니다.

어릴 적에 할머니께서 만들어 주신 유카타(기모노의 일종)를 뜯어서 가방이나 작은 주머니로 리폼하거나 마음에 들었지만 이가 나간 도자기에 들꽃을 꽂는 것도 일상생활에서 흔히 볼 수 있는 미타테입니다. '이제는 사용할 수 없지만 추억이 깃든' 물건이라면 이런 식으로 새 생명을 불어넣는 것도 좋은 방법입니다. 만약 남에게 줄 수도 없고 리폼해서 쓸 수도 없는 물건이라면 감사의 마음으로 버립시다.

'방하암중방하인放下庵中放下人'이라는 선어가 있습니다. 이 말은 초라한 암자에 세상에 대한 집착에서 벗어난 자유인이 살고 있다는 의미입니다. 즉 '방하(버리는)'는 '자유로워지는' 것입니다.

자유로워지기 위해서는 먼저 방 안을 둘러보고 이제는 사용하지 않는 물건들을 버리는 것에서부터 시작해야 합니다.

불필요한 것을
꾸준히 줄여 나간다

좌선으로
잡념을
떨쳐 버린다

'기분 전환이 안 된다' '쉽게 짜증이 난다' '항상 초조함을 느낀다'는 것은 고민으로 크게 인식되지 않을 만큼 사소한 일일지 모릅니다. 그러나 본인이 힘들다고 느끼면 마음을 리셋하기 위해 조용히 '앉아 볼 것'을 추천합니다.

앉는다는 것은 즉 좌선을 하는 것. 선승에게는 기본이라 할 수 있는 수행이지요. 좌선의 기본적인 예절과 바른 자세를 익히려면 절에서 하는 좌선 모임에 참가하는 것이 가장 좋습니다. 하지만 여기서는 집에서도 할 수 있는 좌선 방법을 간단히 설명하겠습니다.

우선은 자세를 바로 하고 가부좌를 합니다. 절에서는 좌포坐蒲로 부르는 좌선 전용 방석을 깔고 앉습니다만, 집에서 할 때는 방석을 두 겹으로 접어 엉덩이 밑에 깔면 됩니다. 옆에서 봤을 때 등줄기가 S 자 곡선을 그리는 상태가 되어야 합니다.

이때 본인은 자세를 바로 한다고 생각해도 실제로는 구부정하게 앉은 경우가 많습니다. 똑바로 앉기 위해서는 앉은 채 몸을 좌우로 가볍게 흔듭니다. 그리고 서서히 그 흔들림을 작게 하다가 몸이 똑바로 됐을 때 딱 멈춥니다. 이것을 절에서는 '좌우요신左右搖身'이라고 합니다. 이렇게 하면 앉은 자세가 올바르게 돼서 자신의 정 가운데를 알 수 있게 됩니다.

호흡은 단전 호흡입니다. 제일 기본은 코로 호흡하는 것입니다. 우선은 몸 안의 안 좋은 기운을 다 내보낸다는 생각으로 길게 숨을 내쉽니다. 이렇게 하는 것을 '결기일식缺氣一息'이라고 합니다. 전부 내쉬고 나면 자연스럽게 숨을 들이마십니다. 그것을 두세 번 반복합시다.

눈은 반안半眼으로 합니다. 옛날에는 '앉아서 3척(약 1미터) 앞을 보는 것'이라고 가르쳤으나 지금은 키가 큰 사람이 많기 때문에 45도의 시선이라고 지도합니다. 이렇게 하면 부처님과 같은 시선, 즉 반안이 됩니다. 반안을 하면 외부에서 쓸데없는 정보가 들어오지 않기 때문에 자신의 내면을 바라보는 데 집중할 수 있습니다.

절에서 좌선하는 경우에는 일주一炷라고 해서 가늘고 긴 선 모양의 향 하나가 다 타는 시간 동안 합니다. 대체로 45분 정도이지요. 하지만 이제 막 좌선을 시작한 사람이 집에서 45분 동안 앉아 있는 것은 상당히 힘든 일입니다.

자신이 할 수 있는 시간, 5분도 좋고 10분도 좋습니다. 얼마나 오래 하느냐보다 '시간이 별로 없지만 잠시라도 앉아서 마음을 가라앉히고 싶다'는 마음이 중요합니다. 하지만 앉아 있으면 머릿속에 갖가지 생각이 떠오를 것입니다. 그것은 자연스러운 일입니다. 이때 '무無가 되어야 한다. 생각을 해서는 안 된다'고 생각하면 오히려 그 생각에 얽매여 더 많은 잡념이 떠오릅니다. 그렇게 하지 말고 머릿속에 떠오른 것들을 그대로 머리 바깥으로 꺼내도록 합시다. 잡념이 떠올라도 그것이 머릿속에 머무르지 않게 하면 됩니다.

도저히 잡념을 떨칠 수 없다면 수식관數息觀, 즉 자신의 숨을 세어 보는 것도 좋은 방법입니다. 숨을 세는 것에만 전념하며 머릿속에 잡념이 떠올라도 오로지 계속해서 수를 세는 것입니다.

또 바닥이 아니라 의자에 앉아서 좌선을 할 수도 있습니다. 등받이에 기대지 말고 의자에 가볍게 걸터앉아 바닥에서 좌선을 할 때와 마찬가지로 등줄기를 곧게 폅니다. 시선은 45도 각도로 하고 호흡을 가다듬습니다.

의자 좌선을 기억해 두면 회사에서 할 수도 있습니다. 업무를 하면서 자주 실수할 때는 마음을 리셋하기 위해 의자 좌선을 해 보는 것이 어떨까요.

여기까지 좌선에 관해 이야기했습니다만 처음에 말씀드렸듯이 똑바로 앉는 법을 익힐 때까지는 좌선 모임에 참가해 기본기를 확실하게 배우는 것이 좋습니다. 이제까지 자세를 의식해 본 적이 없는 사람은 똑바로 앉으려고 해도 자세가 구부정해지는 경우가 많습니다. 절에서는 제대로 된 방법을 알려 줄 것입니다.

가까운 곳에 사찰이 있다면 혹시 좌선 모임을 운영하는지 물어보십시오. 또는 템플스테이에 참가해서 좌선을 경험해 볼 수도 있습니다. 중요한 것은 지속해 나가는 것. 처음에는 어려워도 날마다 좌선을 하다 보면 언젠가 머릿속이 텅 비게 될 것입니다.

혼자만의 시간,
그 고독을
즐긴다

　　　친구를 갖는다는 것은 매우 중요한 일입니다. 기쁠 때는 기쁨을 함께 나누고, 괴롭고 힘들 때는 서로 의지하며 격려할 수 있는 친구. 그런 친구가 있다면 인생이 즐겁고 풍요로워질 것입니다.

　그런데 최근에는 자립한 개인과 개인 사이의 우정보다는 '이 모임에서 따돌림당하지 않아야 돼'라는 식으로 관계를 맺는 일이 많은 듯합니다.

일본에서는 얼마 전 "함께 밥을 먹을 사람이 없어서"라는 이유로 화장실에서 도시락을 먹는 대학생들이 늘고 있다는 뉴스가 보도됐습니다. 직장 여성들도 아침에 출근하자마자 '오늘은 누구랑 밥을 먹지?' 하고 고민한다고 합니다. 또 아이가 공원에서 노는 동안 서로 대화를 나누는 엄마들 모임에 끼지 못하면 아예 공원에 가지 못하는 엄마들도 있다고 들었습니다.

어느 쪽이든 마음이 강인한 사람이 보기에는 별것 아닌 일일지 모릅니다. 하지만 당사자 입장에서는 남들은 모두 친구와 함께 있는데 자신만 혼자라는 사실과 '저 사람, 혼자야'라는 주변 사람들의 시선을 견디지 못하는 것이지요.

요즘 사람들은 '모여 있어야 안심'인 모양입니다. 집단 따돌림도 마찬가지입니다. 그때까지 줄곧 사이좋게 지냈어도 어떤 일을 계기로 그 무리에서 배척당하면 괴롭힘을 당하게 됩니다. 실은 무리 안에 있는 것이 더 큰 스트레스임에도 혼자가 되는 것이 두려워서 그 모임을 벗어나지 못합니다.

하지만 '모임에서 따돌림당하면 안 돼'라는 생각으로 행동하다 보면 자신의 개성을 드러내지 못하고 그 집단 안에서밖에 살 수 없는 인간이 됩니다.

저는 고독하고 강인한 사람이 아름답다고 생각합니다. 고독은 결코 나쁜 것이 아닙니다. 조용한 시간을 갖는 것은 매우 중요한 일입니다. 예를 들어 혼자 책을 읽는 것을 좋아하거나 혼자 그림 그리는 시간을 가장 행복하게 여기는 것은 고독을 즐긴다는 소리입니다. 이처럼 혼자만의 시간을 즐기는 것은 인생의 양식이 됩니다. 저는 그렇게 생각합니다.

자신의 존재를 확실하게 의식하며 뭔가에 집중하는 사람의 모습은 매우 아름답습니다. 페이스북 같은 SNS를 통해 많은 친구를 사귈 수 있습니다. 수백 명과 친구를 맺은 사람도 있습니다. 하지만 그 수백 명 가운데 자신의 고민을 털어놓을 수 있는 친구는 몇이나 될까요?

친구 목록상의 이름뿐인 '친구'를 늘리기보다 한두 명이더라도 평생 서로를 소중히 여기며 살아갈 수 있는 친구를 갖는 편이 훨씬 더 의미 있지 않을까요.

'고독'과 비슷한 것 같지만 의미가 전혀 다른 단어로 '고립'이 있습니다. 고립이란 주위와의 교제가 일절 없는 상태입니다. 고독과 달리 고립되는 것은 쓸쓸한 일입니다.

하지만 '모여 있지 않으면 불안하다'는 생각에 얄팍한 관계를 맺으며 살다 보면, 그 모임이 사라지거나 어떤 문제로 모임에서 배척당했을 때 '고립'되는 경우가 있습니다.

점심은 혼자 먹어도 되지 않을까요. 그러는 편이 '끽다끽반喫茶喫飯', 즉 먹는 것에 더 집중할 수 있습니다.

고독하고 강인한 사람에게는 청량한 아름다움이 있습니다. 주변의 시선을 의식하지 말고, 고독하고 강인하게 혼자만의 시간을 즐길 수 있는 사람이 되십시오.

자연 속에서
그저 멍하니
머문다

'나에게 주는 상'이라는 것은 매우 훌륭한
것입니다. 보상 없이 날마다 노력만 해야 한다면 몸도 마음도 지
칠 것입니다. 대나무는 줄기에 마디마디가 있기 때문에 잘 부러
지지 않는 것처럼 일정한 성장을 한 후에 자신에게 주는 상은 마
음을 유연하고 강인하게 만들어 줍니다.

그렇다면 자신에게 어떤 상을 줘야 할까요? 작은 일이 끝날 때
마다 명품 가방을 사면 돈이 금방 없어질 것이고, 새것을 빈번하

게 사다 보면 집착이 슬며시 고개를 치켜들면서 "더 갖고 싶어. 더 사고 싶어" 하며 집착의 소용돌이에 빠질 우려가 있습니다.

그보다는 이런 상이 어떨까요? 휴일에 도시락을 싸서 전철을 타고 당일치기로 다녀올 수 있는 산에 가는 것입니다. 업무로 지쳐서 그다지 걷고 싶지 않을 때는 케이블카가 있는 산에 가는 것도 방법입니다. 그리고 자연 속에서 경치를 바라보며 그냥 멍하니 있는 것입니다.

단지 멍하니 있는 것이라면 회사 휴게실이나 집에서도 할 수 있습니다. 그런데 굳이 제가 산을 추천하는 이유는 자연에는 엄청난 힘이 있기 때문입니다. 흙 내음과 풀 내음이 가득하고, 바람이 기분 좋게 두 뺨을 스치고 지나갑니다. 탁 트인 시야와 자연의 색은 눈을 편안하게 해 줍니다. 새소리, 곤충 울음소리를 들으면서 먹는 도시락은 분명 평소보다 맛있게 느껴질 것입니다.

자연 안에서 오감五感을 해방시키면 평소 경직되고 움츠러들었던 마음이 확 풀어집니다. 해방된다고 표현해도 좋을 것입니다. 억압되었던 마음이 편안해집니다. 그것은 자연에서밖에 느낄 수 없는 것이지요.

일본에서는 등산을 취미로 삼은 젊은 여성을 '야마 걸'이라고 합니다. 숲속에 살 것 같은 소녀처럼 옷을 입는 여성은 '모리 걸'이라고 부릅니다. 이러한 아마 걸과 모리 걸이 증가하고 있습니다. 그 이유도 '좀 더 자연 속에 있고 싶다'는 마음이 일하는 여성들 사이에 퍼져 나갔기 때문일 것입니다.

'도시에 살아서 근처에 산이 없다'고 생각하는 분도 많은데 자연을 느낄 수 있는 곳은 의외로 많습니다. 산까지 가지 못하더라도 식물원 등 도심 내에서 자연을 즐길 수 있는 장소는 많습니다. 수도권을 예로 들었지만 자연을 느낄 수 있는 곳은 전국 곳곳에 있습니다.

중요한 것은 어디를 가느냐가 아니라 자연 안에서 그저 멍하니 있는 것입니다. '나 자신에게 주는 상을 무엇으로 하면 좋을까? 이것도 갖고 싶고, 저것도 갖고 싶은데…' 이렇게 고민하고 있다면 부디 자신에게 주는 상으로 '자연 안에서 보내는 것'을 실행해 보십시오. 바람의 감촉과 새소리가 얼마나 사람의 마음을 가볍게 해 주는지 알게 된다면 아마 깜짝 놀랄 것입니다.

끊임없이
한 가지 일에
정진해 본다

저는 선승이자 정원 디자이너 그리고 환경 디자인학과의 교수로 활동하고 있습니다. 정원 디자이너가 되고자 마음먹은 계기는 초등학교 5학년 때 교토에 가서 많은 절을 돌아보며 문화 쇼크를 받았기 때문입니다. '우리 집 정원과는 전혀 달라. 언젠가 나도 직접 이런 정원을 만들어 보고 싶다'는 생각이 출발점이 되었지요.

제가 뭔가를 만들거나 디자인을 할 때 가장 중시하는 것은 형태가 아니라 정신입니다. 서양에서는 일단 형태가 있어야 합니다. '이렇게 보이고 싶다. 이런 형태를 이곳에 두고 싶다'는 생각에서부터 시작하지요. 그것은 건축, 공예, 회화 등 모든 분야에서 다 그렇습니다.

하지만 옛날부터 일본에서는 "정신을 디자인하면 형태가 보이게 된다"는 태도를 취해 왔습니다.

"나의 현재 마음을 이 수묵화에 의탁해서 남기고 싶다."

"수행 끝에 도달한 정신세계를 정원으로 표현하고 싶다."

요컨대 남기고 싶은 것이 형태가 아니라 정신과 가르침인 것입니다. 이러한 사고방식은 일본인의 사고 전반에 '무아無我'가 널리 자리 잡았기 때문에 발달한 것입니다. '무아'란 비록 이 세상에서 나란 사람이 사라지더라도 나의 정신이 남는다면 그것으로 충분하다는 개념입니다. 자신의 이름이 후대에 남겨지지 않더라도 자신이 인생에서 추구한 정신과 삶의 방식이 전해지기를 바라는 마음에서 탄생한 것이지요.

이처럼 철저하게 자신의 삶의 방식을 추구해 가면 그것은 '도道'가 됩니다. 일본에는 검도, 궁도, 다도, 화도華道(꽃꽂이), 합기도, 서도書道 등 '도' 자가 붙는 다양한 문화가 있습니다. 이 역시 자신의 삶의 방식을 추구하는 것과 관계가 있습니다.

기술, 즉 테크니컬한 부분만 표현한다면 검은 검술, 궁은 궁술, 다도는 차를 마시는 예법, 화도는 꽃꽂이가 될 것입니다. 이런 기술이 선 사상과 맺어져 단순히 기술을 갈고닦는 것뿐만 아니라 그 기술을 통해 자신의 정신성을 높이고, 자신만의 삶의 방식을 추구하는 정신에 올랐을 때 바로 '도'가 탄생하는 것입니다. 예를 들어 검도라면, 검술이라는 기술을 통해 자신의 삶의 방식을 추구하는 것이지요.

검술이 추구하는 것은 '어떻게 하면 상대를 이길까'이지만, 검도의 최종 형태는 『손자병법』에서 말하는 '싸우지 않고 이기는 것' 입니다. 상대방은 도의 경지에 오른 자의 기백에 압도돼 검을 뽑기도 전에 이미 이길 수 없음을 깨닫게 됩니다.

다도나 서도 역시 마찬가지입니다. 그것을 통해서 자신만의 삶의 방식을 추구하는 정신이 바로 '도'로 이어집니다.

끊임없이 하나의 일에 정진하면 그것은 도가 됩니다. 취미를 여러 개 갖는 것도 좋지만, 자신의 인간성을 높일 생각으로 무엇이든 하나의 일에 정진해 보면 어떨까요. "이것이 나의 도다"라고 자신 있게 말할 수 있을 만큼 말입니다.

예술 작품,
만든 이의 마음으로
감상한다

화도(꽃꽂이)에 대해 이야기해 보겠습니다. 화도의 가장 기본적인 기술을 '입화立花'라고 합니다. 이것은 꽃과 가지를 화병에 보기 좋게 꽃꽂이하는 기술입니다. 바로 이 입화 기술이 선 사상과 맺어져 '화도華道'가 되면 단순히 보기 좋게 꽃꽂이를 하는 것뿐만 아니라 '이 꽃의 생명을 어떻게 살릴 것인가'라는 것을 추구하게 됩니다. 꽃꽂이를 하는 행위에 자신의 정신성을 담으면 이윽고 꽃과 하나가 됩니다. 이것을 '일행삼매一行

三昧'라고 합니다.

꽃과 일행삼매가 되면 전혀 다른 도가 열립니다. 자신의 정신성으로 그 꽃의 생명을 살렸을 때 자신의 인간성이 높아지는 것입니다. 이것이 바로 서양의 꽃꽂이와 다른 점이라고 생각합니다.

화도 등의 일본 문화를 제대로 감상하려면 보는 사람도 역량을 갖추어야 합니다. 눈앞에 공간이 있고, 거기에는 꽃꽂이가 놓여 있습니다. 꽃꽂이를 한 사람의 마음이 그 공간 속에 어떻게 스며들었는가. 그 사람의 정신, 인간성이 어떻게 그 꽃에 응축되어 있는가. 이처럼 감상하는 사람은 눈에 보이지 않는 부분까지 헤아려야 합니다.

일본 문화에서는 이렇게 '공간'과 '간격'에 중점을 둡니다. 만든 사람이 진정으로 전하고자 하는 것은 눈에 보이는 것의 배후에 있기 때문에 보는 사람은 그것을 상상하며 감상해야 합니다.

일본의 전통 가면 음악극 '노가쿠能樂'도 마찬가지입니다. 배우가 하나의 몸짓을 표현할 때 어떤 시간적 간격을 두고 움직임에서 움직임으로 이동하는가. 매 장소에서 배우가 시선 처리로 얼마나 멀고 깊숙한 거리감을 표현하는가. 지금 어떤 심정을 표현하는가. 이러한 것을 상상하는 것은 보는 사람의 몫입니다.

자신의 인간성이 풍요로워질수록 일상생활 속에서도 배울 것
이 많아집니다. 진짜 자신이 어떤 사람인지 알고, 사물을 보는 안
목을 키우면 문화를 보다 풍요롭게 감상할 수 있습니다.

공덕을 바라지 않고
오로지 행실을
갈고닦는다

최근 몇 년간 정신적인 것에 대한 유행으로 절이나 신사에 참배하러 오는 사람이 늘어났습니다. 믿음을 갖고 참배하는 것은 매우 훌륭한 일입니다. 하지만 참배객들 중에는 '참배를 했으니 공덕을 입게 될 거야!'라고 생각하는 사람이 많은 것 같습니다.

이와 비슷한 일들을 사회의 여러 분야에서 볼 수 있습니다. 예를 들어 '이 시간 관리법을 익히면 지금보다 시간을 효율적으로 활용할 수 있습니다'라든지 '이 약을 먹으면 단기간에 살을 뺄 수 있습니다' 등 뭐든지 효율을 추구하는 것이 현대 사회의 특징입니다.

"뭔가 좋은 점이 있겠지."

"뭔가 얻게 되겠지."

모두 이러한 기준으로 행동하는 것 같습니다. 좌선을 시작하려는 사람들 중에도 "좌선을 하면 어떤 점이 좋은가요? 건강해질 수 있다고 하던데 정말인가요?"라며 효능을 기대하는 사람이 많습니다. 좌선을 하면 세로토닌이 분비돼 정신이 안정된다는 사실이 과학적으로 증명된 바 있습니다. 텔레비전에서도 관련 내용이 방영돼 좌선의 효능을 알고 찾아오는 사람이 있다는 것도 이해합니다.

하지만 좌선은 그러한 효능을 얻기 위해 하는 것이 아닙니다. '몸에 좋으니까 해야지' '집중력이 향상되고 일이 잘 풀리니까 해야지'라며 뭔가를 기대하며 행하는 것이 아닙니다.

좌선을 할 때는 온전히 좌선 그 자체가 되어야 합니다. 그 행위와 하나가 되는 것이지요.

'그것을 꾸준히 지속하다 보니 점차 마음이 차분해지고 어느 사이엔가 심신이 건강해지는 데 도움이 되었다.'

즉 순수하게 지속하다 보면 자연스레 심신이 건강해지는 것이 좌선의 본디 모습니다. 심신의 건강은 어디까지나 뒤따라오는 결과인 것이지요. 그런데 지금은 그것과 반대로 처음부터 큰 기대를 품고 좌선을 시작하려 합니다.

좌선하는 습관을 자신의 생활에 도입하는 것은 매우 고귀한 일입니다. 하지만 "이러한 이점이 있으니 하겠습니다"라는 식이라면 그 예비지식에 사로잡혀 오히려 좋지 못한 결과가 나올 것입니다. '세로토닌이 분비될 것이다. 알파파가 나와서 편안해질 것이다'라는 집착 때문에 좌선을 해도 좌선 그 자체가 될 수 없습니다.

좌선은 그 역사가 2,500년이 넘은 수행입니다. 과학이 발달한 현대에 우연히 의학적으로 조사한 결과, 좌선을 하면 알파파와 세로토닌이 분비돼 이완 효과가 생긴다는 것을 알게 됐을 뿐입니다. 옛날 사람들은 그런 것을 전혀 모른 채 2,500년 이상 좌선을 계속해 왔습니다. 분명 '좌선을 하면 마음이 평온해지며 겨울에도 몸이 따뜻해진다'는 것을 실천적으로 깨달았던 것입니다.

절이나 신사에 참배하러 간다고 해서 바로 소원이 이루어지는 것은 아닙니다. 참배하러 간 곳에서 무엇을 느꼈으며, 그때 느낀 것을 계기로 앞으로 어떻게 자기 자신을 향상시켜 나갈 것인지가 중요합니다. 소원이란 그렇게 이루어지는 것입니다.

'공덕을 입기 위해 참배를 한다.'

'뇌에 좋은 것 같으니 좌선을 한다.'

이런 식이라면 그야말로 주객이 전도되는 것입니다.

수행이란 그저 순수하게 행실을 갈고닦는 것입니다. 효율이나 이로운 점, 공덕을 기대하는 마음을 버리고 좌선과 하나가 되고 기도와 하나가 되십시오.

무슨 일이든
시작했으면
100일간 지속한다

일찍 일어나기, 운동, 공부 등 새로운 생활 습관을 들이려 했지만 사흘 만에 포기했다….

'작심삼일'은 우리가 일상생활에서 흔히 쓰는 말인 만큼 누구나 이런 경험이 있으리라 생각합니다. 참고로 '작심삼일'이라는 말은 출가한 승려가 힘든 수행을 견디지 못하고 3일 만에 절에서 도망쳤다는 이야기에서 나온 말이라고 합니다('작심삼일'을 일본어로 '밋카보우즈三日坊主'라고 하는데 여기서 보우즈坊主란 스님을 의미한다-옮긴이 주).

새로운 습관을 들이는 것은 결코 쉬운 일이 아닙니다. 그때까지 하지 않았던 일, 즉 몸에 배지 않은 일을 새로 시작하는 것이기 때문에 어려운 것이 당연합니다.

게다가 인간은 원래 편한 쪽으로 흘러가기 쉽습니다. 아침 일찍 일어나 조깅을 하기로 마음먹고 며칠 동안 실행했지만, 어느 날 갑자기 게으른 마음이 고개를 치켜듭니다. 그리고 '오늘은 추우니까 조금만 더 이불 속에 있자'라든지 '어제 열심히 일했으니 오늘은 조금만 더 자야지'라는 식의 변명을 늘어놓으며 서서히 저녁형 생활로 돌아가게 되지요. 이런 일이 흔하지 않습니까?

작심삼일을 막는 대처법은 두 가지입니다. 먼저 습관을 들이고자 하는 것의 범위를 제한합니다. 처음부터 너무 큰 목표를 세우지 말고 작은 목표에 집중하는 것입니다. 예를 들어 '일찍 일어나서 30분간 조깅을 하겠다'는 것은 현재 상태를 제로, 즉 '0'이라고 봤을 때 너무 큰 목표입니다. 우선은 '일찍 일어나서 산책을 하겠다'는 목표를 세우고, 그 작은 목표를 수행하는 데 집중하는 것이 좋습니다.

일찍 일어나서 30분씩 걷는 것이 습관화됐다면 이번에는 '일찍 일어나서 25분간 걷고 5분간 조깅을 하겠다'는 식으로 조금씩 수

준을 높여 갑니다. 그렇게 하면 아침에 일어나서 걷는 것은 이미 습관이 돼 어렵지 않을 테니 5분간 달리는 것에만 집중하면 됩니다. 그것이 가능해지면 이번에는 달리는 시간을 10분으로 늘립니다. 이런 식으로 차근차근 최초의 큰 목표에 다가가는 것이지요.

또 하나 조언할 점은 어찌됐건 100일간 지속하라는 것입니다. 절에서 승려들이 운수 수행을 할 때 지키는 규칙이 있습니다. '백일금족百日禁足'이라는 규칙입니다. 수행에 들어가서 처음 100일간은 밖에 나가는 것도 외부인을 만나는 것도 허락되지 않습니다. 절 외부 사람과 문자나 통화, 편지 등을 주고받는 것도 금지됩니다. 이 기간에는 오로지 절에 틀어박혀 몸가짐을 삼가며 수행 생활에 적응하는 것입니다.

그렇다면 왜 100일일까요? 그것은 인간이 새로운 환경이나 자신의 행동 변화에 익숙해지는 데 필요한 시간이 100일이기 때문입니다.

운수 수행을 시작하면 한동안은 괴로운 나날이 계속됩니다. 엄격한 수행과 규칙적인 생활, 소량의 식사를 지속합니다. 물론 오락 등은 일체 없습니다. 처음에는 누구나 '이런 생활은 도저히 못하겠어'라고 생각하지만 100일이 지날 무렵에는 익숙해집니다.

그리고 '이런 생활도 의외로 괜찮네' 하는 생각이 들지요.

100일간 계속한 일은 1년이든 3년이든 스스로 "그만할래"라고 할 때까지 계속할 수 있습니다. 평생의 습관이 될 수 있는 것입니다. 무언가 습관을 들이고 싶은 것이 있다면 수행이라 생각하고 어찌됐건 100일간은 계속해 봅시다.

배우자는 조건보다
가치관이
같은 사람으로

이상적인 파트너를 만나기 위해 적극적으로 행동하는 여성이 늘고 있습니다. 하지만 '결혼을 한다면 반드시 이런 사람이어야 한다'는 조건이 너무 많아서 오히려 상대를 찾지 못하는 경우가 많은 것 같습니다.

연봉이 얼마 이상이어야 한다, 어느 대학 출신이면 좋겠다, 부모님을 모시고 살지 않아야 한다… 등등 많은 조건을 미리 정해 놓고 "나에게 딱 맞는 사람이 안 나타나"라며 한숨을 내쉽니다. 조건을 정해 놓으면 상대를 효율적으로 찾을 수 있을 것 같지만 실은 결혼이란 그런 것이 아닙니다.

앞으로의 인생을 누군가와 함께 살아가기 위해 필요한 것은 연봉이나 출신 대학의 간판이 아닙니다. 이 사람이라면 평생을 함께하고 싶다는 생각이 드는지 안 드는지, 그런 '합'이 중요하지 않을까요?

합이란, 가치관으로 바꿔 말해도 좋을 것입니다. 간단한 예를 들자면 매주 어딘가로 놀러 나가기를 좋아하는 사람과 휴일에는 집에서 조용히 지내는 것을 좋아하는 사람이 함께 산다고 합시다. 처음 두세 달은 좋을지 몰라도 평생이라는 긴 시간을 함께하기는 어려울 것입니다. 입맛도 중요합니다. 한쪽은 고기와 기름진 음식을 좋아하고 다른 한쪽은 현미밥과 채식을 좋아한다면 처음 얼마간은 상대방에게 맞추려 하겠지만 점차 지칠 것입니다. 경제관념이라는 가치관도 있습니다. 돈을 물 쓰듯 쓰는 남편과 알뜰한 아내와의 조합에서는 도중에 둘 중 한쪽이 견디지 못할 가능성이 높습니다. 역시 가치관이 잘 맞는 것이 부부로 함께 살아가는 데 가장 중요하지 않을까요?

연봉이 얼마 이상이어야 한다, 나이가 비슷해야 한다, 유명 대학 출신이어야 한다 등의 조건으로 선을 그으면 결혼 상대를 찾을 수 없습니다. 설령 조건을 만족시키는 사람이 있더라도 자신과 가치관이 잘 맞으며, 함께 즐겁게 살 수 있을 것인지는 또 별개의 이야기입니다.

현대 사회에서는 비혼율과 함께 이혼율도 높아지고 있습니다. 이러한 현상의 원인 중 하나는 조건만 보고 결혼 상대를 고르는 데 있을 것입니다. "조건이 좋아서 결혼했는데 나를 전혀 소중하게 대해 주지 않는다"며 이상과 현실의 차이를 느끼는 것입니다.

조건이란 집착입니다. '이 정도 수준의 생활을 하고 싶다' '고생하고 싶지 않다'는 것에 사로잡힌 것이지요. 긴 인생을 함께 걸어갈 파트너이므로 함께 쌓아 올리고 함께 성장해 나가면 됩니다. 두 사람의 행복은 둘이서 만들어 나가는 것입니다. 조건은 잊고 합과 가치관이 잘 맞는 파트너를 찾아봅시다.

일본의 다도 스승
센노리큐의
7가지 손님맞이법

센노리큐(1522~1591)는 일본의 다도 스승으로 불리는 인물입니다. 그는 차를 마실 때, 간소함의 경지인 '와비'의 정신을 중시한 방식을 완성했습니다. 이것을 일본에서는 '와비차'라고 합니다. 또 그는 '일기일회一期一會' 정신으로 손님을 대접했습니다. 일기일회란 '오늘 차를 마시는 이 시간은 평생 두 번 다시 돌아오지 않을 한 번뿐인 시간입니다. 같은 다실에서 같은 다기로 같은 손님과 차를 마시더라도 지금과 똑같을 수는 없습니다. 그러니 오늘 이 자리에서 가능한 한 최고의 환대를 합시다'라는 의미입니다. 그야말로 선과 다도가 결합된 사고방식이라 할 수 있겠습니다.

센노리큐가 일기일회의 장을 만들기 위해 설명한 '7가지 마음가짐'은 다음과 같습니다.

1. 차는 마시기 좋게 끓여야

'마시기 좋게'란 적당한 온도를 말합니다. 온도에 신경 쓰면서, 차를 입에 머금었을 때 부드러움이 확 퍼져 나가도록 끓여야 한다는 뜻입니다.

2. 숯은 물이 잘 끓을 수 있도록

숯으로 물을 끓이려면 세심한 주의를 기울여 불을 조절해야 합니다. 최적의 시기에 딱 좋은 온도로 물이 끓도록 사전 준비를 게을리하지 말라는 의미입니다.

3. 꽃은 들판에 피어 있듯이

'자, 여기 꽃꽂이를 해 놨어요'라고 말하는 듯한 장식이 아니라, 화기花器에 꽂힌 꽃 한 송이를 본 손님이 들에 핀 꽃의 가련한 모습을 떠올릴 수 있도록 자연 그대로의 모습을 살립니다.

4. 여름에는 시원하게 겨울에는 따뜻하게

에어컨이 없던 시절입니다. 손님에게 여름에는 시원함을, 겨울에는 따뜻함을 느끼게 하려고 다양한 궁리를 했습니다. 예를 들어 여름에는 차를 따라 마시는 종지로 길이가 짧은 것을 쓴다거나 찻잎을 물 주전자의 뚜껑으로 연출해서 보는 사람으로 하여금 시원함과 신선함을 느끼게 했습니다.

5. 준비는 약속 시간보다 조금 이른 시각에

손님이 도착하기 전에 정문 앞에 물을 뿌려 두고, 물 끓이는 온도를 조정하는 등 모든 것이 최고의 타이밍에 이루어지도록 계산해서 준비합니다. 하나가 늦어져서 다른 준비에까지 차질이 생기면 큰일입니다. 그렇기 때문에 언제나 여유 있게 준비할 것을 당부합니다.

6. 비가 오지 않더라도 우산을 준비

설령 비가 올 기미가 전혀 없더라도 손님을 위해 우산을 준비해 둡니다. 만약의 경우를 대비한 섬세한 배려가 중요합니다.

7. 동석한 손님을 배려하도록

동석한 손님이란 차 모임에 초대된 손님을 말합니다. 언제나 다른 사람을 배려하면서 그 시간을 함께 즐기자는 의미입니다.

다도에서 중요한 것은 준비 과정에서 이 정도로 면밀하게 손님을 배려하지만 손님이 결코 그것을 느끼지 못하게 하는 것입니다. 예를 들어 센노리큐는 손님이 오기 전에 골목을 청소할 때, 일단 모든 낙엽을 깨끗이 쓸고 난 후에 나무를 흔들어 일부러 잎을 떨어뜨렸다고 합니다. 골목에 낙엽 하나 떨어져 있지 않으면 손님이 '깨끗하게 미리 쓸어 놨구나' 하는 생각을 할 수 있기 때문입니다.

저는 정원을 디자인할 때 항상 이 이야기를 떠올립니다. '일부러 이렇게 만들었습니다'라는 느낌이 너무 철철 흐르는 정원은 그것을 보는 사람에게 그러한 느낌을 바로 전달합니다. 그러한 정원은 몇 번 보면 싫증이 날 것입니다.

하지만 센노리큐가 나무를 흔들어서 잎을 떨어뜨린 것과 마찬가지로 바라보는 사람을 배려하며 만든 정원은 '일부러 만들었습니다'라는 주장이 전혀 느껴지지 않습니다. 그렇기 때문에 계속 바라보고 있어도 싫증이 나지 않지요.

현대 사회에는 '내가 당신을 위해 이렇게 했습니다'라며 자신의 노력과 배려를 알리고, 자아를 내세우고 싶어 하는 사람이 많습니다. 재주가 있어도 그 재주가 너무 드러나지 않도록 해야 합니다. 그럼에도 손님이나 보는 사람의 기분을 좋게 만든다면 그것이야말로 최고의 환대라고 생각합니다.

일일시호일,
날마다
즐겁고 기쁜 날

우리의 인생에는 기쁨과 즐거움이 가득합니다. 하지만 인생에 평탄한 길만 있는 것은 아닙니다. 슬픔에 빠져 의욕을 잃는 날도 있으며, 괴로움에 젖어 희망을 잃는 날도 있습니다.

'산다는 건 참 힘들구나' 하는 마음으로 한숨을 내쉬는 사람에게 전하고 싶은 말이 있습니다. 그것은 바로 '일일시호일日日是好日', 즉 날마다 즐겁고 기쁜 날이라는 말입니다.

우리 삶에 매일매일 좋은 날만 계속될 리는 없습니다. 날씨만 해도 그렇습니다. 쾌청한 날은 일주일에 하루나 이틀 정도이며 나머지 날들은 비가 오거나 눈이 오거나 바람이 강하거나 폭풍우가 몰아칩니다.

그렇다면 비가 오는 날은 무조건 안 좋은 날이냐 하면 그렇지 않습니다. 비가 오는 날에만 느낄 수 있는 것이 많습니다. 비가 오면 수국과 창포는 함초롬하고 아름답게 피어납니다. 개구리 울음 소리도 빗속에서 더욱 정취 있게 들려오며, 풀 내음 흙 내음도 기분 좋게 느껴집니다. 자신의 발끝만 보고 있으면 '신발이 젖어서 싫다'는 생각이 들겠지만, 고개를 들어 조금만 위를 보면 비 오는 날에만 볼 수 있는 아름다움이 많다는 사실을 깨닫게 됩니다.

인생도 그와 마찬가지로 '오늘은 재수 없는 날이야'라고 생각할 때에만 맛볼 수 있는 것이 있습니다. '슬프다'는 감정은 슬픈 날밖에 맛볼 수 없으니 그 슬픔을 철저하게 맛보자. 이것이 바로 '일일시호일'입니다.

슬픈 날이 있기 때문에 기쁜 일이 있으면 그 기쁨이 배가 됩니다. 골짜기가 깊을수록 산 정상에 올랐을 때의 감격이 커지는 법이지요. 골짜기가 없으면 산도 없습니다. 슬픔이 없는 대신 기쁨도 없는 평탄한 나날을 보내는 것입니다.

슬프고 괴로운 순간이 있기 때문에 즐거운 감정이 더욱 빛을 발합니다. 따라서 괴롭고 힘들 때는 '지금은 괴롭지만 이 시간은 나를 성장시켜 줄 소중한 시간이야'라고 생각합시다. '왜 내가 이렇게 괴로운 일을 겪어야 하는 걸까. 도망치고 싶어'라며 한탄만 하면 골짜기에서 산 정상으로 올라갈 타이밍을 놓치고 맙니다.

앞서 말했듯이 인간에게는 두 가지 일을 대립적으로 생각하는 경향이 있습니다. 하지만 어떤 날이든 그 순간에만 배울 수 있는 것, 느낄 수 있는 기분이 있기 때문에 좋은 날과 나쁜 날을 비교하는 것은 아무런 의미가 없습니다.

고생스러운 시간이 있었기 때문에 좋은 일이 생겼을 때 그것의 소중함과 감사함을 느낄 수 있습니다. 그것이 선의 가르침이며 '일일시호일'입니다.

원래 상태로 되돌아가지 않는 58가지 정리법

비우는연습

초판 1쇄 발행 2017년 2월 10일

지은이 마스노 슌묘
옮긴이 김지연

펴낸이 오세룡
기획·편집 박혜진 이연희 박성화 손미숙 최은영 김수정 손수경
디자인 강진영(gang120@naver.com)
　　　　고혜정 김효선 최지혜
홍보·마케팅 문성빈

펴낸곳 담앤북스
　　　　서울시 종로구 사직로8길 34내수동 경희궁의 아침 3단지 926호
대표전화 02)765-1251　**전송** 02)764-1251　**전자우편** damnbooks@hanmail.net
출판등록 제300-2011-115호

ISBN 979-11-87362-67-8　03320

정가 13,000원